गौतम बुद्ध और धम्मपद

GAUTAMA BUDDHA AND THE DHAMMAPADA

गौतम बुद्ध और धम्मपद

GAUTAMA BUDDHA AND THE DHAMMAPADA

रवीन्द्र कुमार
Ravindra Kumar

Publications
कल्पाज़ पब्लिकेशंस/KALPAZ PUBLICATIONS
दिल्ली–110052/DELHI-110052

गौतम बुद्ध और धम्मपद
GAUTAMA BUDDHA AND THE DHAMMAPADA

ISBN : 81-7835-553-1

Reprint in India in 2016

कल्पाज़ पब्लिकेशंस/Kalpaz Publications

सी-30, सत्यवती नगर, दिल्ली-100052/C-30, Satyavati Nagar, Delhi-110052

ई-मेल/E-mail : kalpaz@hotmail.com

लेज़र टाईप सैटिंग/Lazer Type Setting : *Naresh Computers*

प्रिंटिंग/Printing : *Salasar Imaging System, New Delhi*

अनुक्रम/CONTENTS

****

आत्मकथ्य

26 अध्यायों में विभक्त तथागत गौतम बुद्ध के 423 धर्मपद, ढाई हजार वर्षों के बाद भी, प्रासंगिक हैं। इनकी प्रासंगिकता देश और काल की हर परिस्थिति में अभी भी बनी रहने वाली है। किसी राष्ट्र की सीमा तक धर्मपद सीमित नहीं हैं; ये सामान्यतः आस्तिक और नास्तिक संवाद का विषय भी नहीं हैं। सामान्य आचार और सभ्यता के मूलाधार नैतिकता की श्रेष्ठतम् अभिव्यक्ति इन पदों के माध्यम से होती है; यदि सामान्य आचार और नैतिकता को, धर्मपदों के निर्देशानुसार, व्यक्तिगत, सामाजिक अथवा राष्ट्रीय जीवन में अंगीकार किया जाए, तो निश्चित रूप से चहुँमुखी विकास का मार्ग प्रशस्त होगा। यही धर्मपदों की सर्वप्रमुख तथा सबसे महत्त्वपूर्ण विशेषता है।

धर्मपद आम और खास, सभी, के लिए हैं; कहना न होगा मनुष्य के व्यावहारिक पक्ष को शुद्ध, श्रेष्ठ और कल्याणकारी बनाने वाले हैं। ये नैतिकता को सरल और सहज भाव से उच्चतर अवस्था तक ले जाने वाले हैं; तथा इस प्रकार मनुष्य को उसका लक्ष्य प्राप्त कराने में सहायक हैं। इनकी परिधि सीमित नहीं; वे किसी एक व्यक्ति या वर्ग, क्षेत्र अथवा राष्ट्र की बपौती नहीं हैं। यही नहीं, धर्मपद ग्राह्य हैं, और ये अद्वितीय भी हैं। इनकी ग्राह्यता और अद्वितीयता मात्र ही तथागत गौतम बुद्ध को 'जगद्गुरु' के रूप में स्थापित करने, अथवा उन्हें एशिया का महाप्रकाश घोषित करने के लिए पर्याप्त आधार हैं।

आम तथा खासजन के लिए ग्राह्य, कल्याणकारी और पूर्ण उपयोगी होने के साथ ही धर्मपद दर्शन के दृष्टिकोण से भी अति सुदृढ़, उच्च अर्थों वाले और गहन विश्लेषण का विषय हैं। धर्मपदों में से एक भी ऐसा नहीं है, जो अति साधारण प्रतीत होने के साथ ही अपने में उच्च-दर्शन और भाव का समावेश न रखता हो। यदि अति संक्षेप में कहना हो तो धर्मपद आम और खास के लिए श्रेष्ठ नीति निर्देशक हैं, और साथ ही ये उच्चतम धर्म-दर्शन के आधारभूत तत्त्व भी हैं।

विश्वभर में, समय–समय पर, विभिन्न भाषाओं में धर्मपदों के अर्थ और अनुवाद प्रस्तुत किए गए हैं। यह कार्य कभी-कभी तो इतने महान विद्वानों और विषय-विशेषज्ञों द्वारा किया गया है, जिनकी बराबरी मेरे जैसा व्यक्ति तो सपने में भी नहीं कर सकता है। फिर भी मैंने अपनी लेखनी से धर्मपदों को पुनः पाठकों और जिज्ञासुओं के समक्ष रखने का प्रयास किया है।

वास्तव में ऐसा करने के पीछे कुछ थाई मित्रों की निरन्तर प्रेरणा रही है। गत एक दशक के दौरान मैं दर्जन भर से भी अधिक बार थाईलैण्ड गया हूँ। मैं जब-जब भी वहाँ गया, प्रत्येक बार मुझे किसी-न-किसी मित्र ने बुद्ध के मुख से निकले पवित्र धर्मपदों को सरल तथा ग्राह्य शैली में पुनः प्रस्तुत करने को प्रेरित किया। थाई भाइयों व मित्रों के निरन्तर आग्रह का ही अन्ततः परिणाम है कि मैं धर्मपदों को अपनी समझ से और अपनी शैली में, हिन्दी एवं अंग्रेजी भाषा में एक साथ प्रस्तुत करने की हिम्मत जुटा रहा हूँ। मुझे आशा है कि जिज्ञासु पाठकजन इस कार्य से लाभ उठा सकेंगे।

धर्मपद मूल रूप से पाली में हैं। पाली से इन्हें हिन्दी और अंग्रेजी भाषा में प्रस्तुत करने में मुझे स्वयं विशेष कोई कठिनाई नहीं रही है। लेकिन जिन मित्रों व सहयोगियों ने इस पाण्डुलिपि के निर्माण में मेरी सहायता की है, मैं उन सबका हार्दिक धन्यवाद करता हूँ। विशेषकर डॉ0 राणा पुरुषोत्तम कुमार सिंह, श्रीमती कमलेश कुमार, श्री मनोज कुमार 'मनोज', सुश्री रंजना चावड़ा तथा श्री नरेश सैनी पाण्डुलिपि को पढ़ने में सहायक रहे हैं, जिनका मैं आभारी हूँ। महान तथागत गौतम बुद्ध की महान, सदाबहार तथा कल्याणकारी शिक्षाएँ हमारा मार्ग-दर्शन करें, यह कामना करते हुए मैं इस कार्य को पाठकों को सौंपता हूँ।

— रवीन्द्र कुमार

23-बी/2, मानसरोवर,
सिविल लाइन्स, मेरठ-250001
(भारत)

Self-Utterance

Divided into twenty-six chapters, the four hundred twenty-three ***Dhammapadas*** of Mahatma Gautama Buddha, after two thousand five hundred years of their origin, are still fully relevant. Their relevance will continue to subsist according to time and space.

The ***Dhammapadas*** are not confined up to the frontiers of a particular nation. Generally they are not the subject of dialogue between theists and atheists. Through these *padas*, the best expression of universal conduct and morality, one of the fundaments of civilization, is revealed. If universal conduct and morality is practically adopted and imbibed at individual, social or national level in accordance with the sole directives of the ***Dhammapadas***, an all-round development will be accelerated with certainty. This is the first and foremost characteristic of the ***Dhammapadas***.

The ***Dhammapadas*** are meant for all, general and particulars. Needless to say, they make the practical aspect of man sanctified, super most and welfaristic. They lead morality to a higher plane in a simple and easy manner; and thus they prove to be welfaristic for human beings to reach the goal. Their scope is not limited. They are not patrimony of a particular person, class, region or nation. Not only this, the ***Dhammapadas*** are well-worthy of acceptance for all, general and particulars; they are unique as well as comprehensive. Their cohesiveness and uniqueness is quite a sound basis to establish Mahatma Gautama Buddha as ***Jagatguru***- a great teacher of the world, or the '***Light of Asia***'.

Simultaneous to this, the ***Dhammapadas*** are highly meaningful on the one hand, and they are a subject of intensive research in philosophy on the other. There is not a single ***Dhammapadas***, in spite of being apparently appearing quite simple, which may not possess the highest meaning and philosophy. In brief, the ***Dhammapadas*** are the best directive principles for all, general and particular, and they are the basic elements of the highest philosophy of religion.

From time to time, interpretations and translations of the ***Dhammapadas*** have been presented in different languages all over the world. Some times this task is consummated by such great scholars and subject specialists that people like me can never contemplate to match with them even in a dream. Even then, I have tried to present the ***Dhammapadas*** before readers and others interested in them.

In fact for the last one decade I have been in Thailand for more than one dozen times where some of my friends urged me to accomplish the task of presenting the holy ***Dhammapadas*** preached by Lord Buddha in a simple and comprehensive manner. Eventually, I have attempted and the credit of the outcome goes to those Thai brothers and friends who inspired and encouraged me.

Now, I am presenting the work in Hindi and English languages at a time. I hope that the readers and those interested in subject will be immensely benefited through this work.

The ***Dhammapadas*** are originally in Pali. I myself have had no difficulty in presenting them from Pali into Hindi and English languages. However, I express my gratitude towards all those friends who have extended their help in preparation of this manuscript. I am especially grateful to Dr. Rana Purushottam Kumar Singh, Mrs. Kamlesh Kumar, Mr. Manoj Kumar 'Manoj', Ms. Ranjana Chawada and Mr. Naresh Saini for helping in reading the manuscript.

May the great, evergreen and welfaristic teachings of Tathagata Gautama Buddha continuously guide us like bacon light, with this hope I place the work in the hands of the readers.

23-B/2, Mansarovar
Civil Lines
Meerut [U. P.], India

— Ravindra Kumar

अध्याय / Chapter
1

यमकवग्गो/The Twin Verses

मनो पुब्बङ्गमा धम्मा मनो सेट्ठा मनोमया।
मनसा चे पदुट्ठेन भासति वा करोति वा।
ततो नं दुक्खमन्वेति चक्कं'व वहतो पदं।। (1)

मन समस्त धर्मों[1] का मार्ग-दर्शक है, मन ही उनका प्रमुख है, (और) वे सब उसके अधीन हैं। यदि कोई व्यक्ति बुरे मन से बोलता अथवा कार्य करता है, तो दुख उसका उसी भाँति पीछा करता है, जिस भाँति रथ का पहिया उसे खींचने वाले बैल का करता है।

Mana* is the guide of all ***Dharmas*****, it dominates them, and they all are under it. If a man speaks or acts with an evil *Mana*, pain follows him, as the wheel follows the foot of ox that draws the carriage.

मनो पुब्बङ्गमा धम्मा मनो सेट्ठा मनोमया।
मनसा चे पसन्नेन भासति वा करोति वा।
ततों नं सुखमन्वेति छाया'व अनपायिनी।। (2)

मन समस्त धर्मों का मार्ग-दर्शक है, मन ही उनका प्रमुख है, (और) वे सब उसके अधीन हैं। यदि कोई व्यक्ति अच्छे मन से बोलता

1. अनुभूतियों, वृत्तियों और कर्मों।

* Mind

** Feedings, behav.ours and dees.

अथवा कार्य करता है, तो सुख उसका उसी भाँति अनुसरण करता है, जिस भाँति उसकी वह परछाई, जो सदा उसके साथ-साथ चलती है।

Mind is the guide of all ***Dharmas***, it dominates them, and all are under it. If a man speaks or acts with a pure ***Mana***, happiness follows him like that shadow which never leaves him.

अक्कोच्छि मं अवधि मं अजिनि मं अहासि मे।
ये तं उपनय्हन्ति वेरं तेसं न सम्मति।। (3)

जो व्यक्ति ऐसा विचार करता है कि उसने मुझे गाली दी, मुझे मारा, मुझे पराजित कर दिया, (और) मुझे लूट लिया, ऐसे व्यक्ति का वैर कभी भी समाप्त नहीं होता।

One, who thinks that he abused him, beat him, defeated him [and] robbed him, hatred never ceases in him.

अक्कोच्छि मं अवधि मं अजिनि मं अहासि मे।
ये तं न उपनय्हन्ति वेरं तेसूपसम्मति।। (4)

जो व्यक्ति ऐसा विचार नहीं करता हैं कि उसने मुझे गाली दी, मुझे मारा, मुझे पराजित कर दिया, (या) मुझे लूट लिया, ऐसे व्यक्ति का वैर समाप्त हो जाता है।

They, who do not think that he abused them, beat or defeated them [or] robbed them, hatred ceases in them.

न हि वेरेन वेरानि सम्मन्तीध कुदाचनं।
अवेरेन च सम्मन्ति एस धम्मो सनन्तनो।। (5)

वैर से वैर कभी (भी) शान्त नहीं होता है; वैर अवैर से (ही) शान्त होता है। यही सनातन धर्म है।[1]

Hatred never ceases by hatred, hatred ceases by good-will. This is the ***Sanatana Dharma****.

परे च न विजानन्ति मयमेत्थ यमामसे।
ये च तत्थ विजानन्ति ततो सम्मन्ति मेधगा।। (6)

अज्ञानी (व्यक्ति) यह नहीं जानता है कि उसको संसार से जाना (ही) है। लेकिन जो इस (वास्तविकता) को जानता है, उसके समस्त विकार तुरन्त शान्त हो जाते हैं।

An ignorant [foolish] does not know that [one day] he has to go from this world. But one who knows it, his all quarrels cease at once.

सुभानुपस्सिं विहरन्तं इन्द्रियेसु असंवुतं।
भोजनम्हि अमत्तञ्ञुं कुसींत हीनवीरियं।
तं वे पसहति मारो वातो रुक्खं'व दुब्बलं।।(7)

जो सदा (ही) सुख देखते हुए विहार करता है, जिसकी इन्द्रियाँ अनियंत्रित हैं, जो भोजन की मात्रा के प्रति सचेत नहीं है, जो आलसी है

1. सदा से चला आया नियम।

* The old rule.

और प्रयास नहीं करता है, 'मार'[1] उसे वैसे ही गिरा देती है, जैसे किसी दुर्बल तरु को वायु गिरा देती है।

Who lives [only] looking for pleasures, whose senses are uncontrolled, who is not a moderate in his food, and who is an idle and weak, ***Mara**** throws him, as wind throws down a weak tree.

असुभानुपस्सिं विहरन्तं इन्द्रियेसु सुसंवुतं।
भोजनम्हि च मत्तञ्ञुं सद्धं आरद्धवीरियं।
तं वे नप्पसहति मारो वातो सेल'व पब्बतं।। (8)

जो असुख देखते हुए विहार करता है, जिसकी इन्द्रियाँ नियंत्रित हैं, जो अपने भोजन की मात्रा के प्रति सचेत है, जो उद्यमी और श्रद्धावान है, ऐसे (किसी) व्यक्ति को 'मार' उसी भाँति नहीं हिला सकती, जैसे वायु (किसी) शिलामय पर्वत को।

Who lives without looking for pleasures, whose senses are under control, who is moderate in his food, and who is active and strong, ***Mara***, certainly cannot over throw him, as the wind cannot throw down a rocky mountain.

---

1. कुशल अथवा सुकर्मो की विरोधी मनोदशा; नरक-दूत।

* The temper; devil or Satan.

अनिक्कसावो कासावं यो वत्थं परिदहेस्सति।
अपेतो दमसच्चेन न सो कासावमरहति।। (9)

जो मनुष्य समस्त राग-द्वेष आदि चित्त-दोषों को दूर किए बिना काषाय वस्त्र धारण करता है, वह संयम और सत्य से हीन व्यक्ति (वास्तव में) काषाय वस्त्र धारण करने का अधिकारी (ही) नहीं है।

Who wishes to put on the yellow dress without cleansed himself from all attachments and sins, he is deprived of abstinence and truth, such a person is unworthy of the yellow dress.

यो च वन्तकसावस्स सीलेसु सुसमाहितो।
उपेतो दमसच्चेन स वे कासावमरहति।। (10)

वह मनुष्य, जिसने राग-द्वेष आदि दुर्गुणों को त्याग दिया है, जो गुणवान है, तथा जो संयमी है एवं सत्य से युक्त है, वही काषाय वस्त्र धारण करने का अधिकारी है।

Who has cleansed himself from all sins, who is a virtuous and endowed with moderation and truth, he, indeed, is worthy of the yellow dress.

असारे सारमतिनो सारे चासारदस्सिनो।
ते सारं नाधिगच्छन्ति मिच्छासङ्कप्पगोचरा।। (11)

जो असत्य को सत्य और सत्य को असत्य समझते हैं, ऐसे, मिथ्या-धारणा से युक्त, व्यक्ति (कभी भी) सत्य तक नहीं पहुँच सकते।

Who imagine untruth in truth and truth in untruth, they follow vain desires, and never reach at truth.

सारञ्च च सारतो ञत्वा असारञ्च असारतो।
ते सारं अधिगच्छन्ति सम्मासङ्कप्पगोचरा।। (12)

जो सत्य को सत्य और असत्य को असत्य समझते हैं, ऐसे, सम्यक् संकल्प-युक्त, व्यक्ति (ही) सत्य तक पहुँचते हैं।

Who see truth in truth and untruth in untruth, they, by following true desires, reach the truth.

यथागारं दुच्छन्नं वुट्ठि न समतिविज्झति।
एवं अभावितं चित्तं रागो समतिविज्झति।। (13)

जिस प्रकार घने छप्पर के अभाव वाले घर में वर्षा का जल घुस आता है, उसी प्रकार ध्यान-भावना से रहित चित्त में राग[1] घुस आता है।

As rain breaks through an ill-thatched house, ***Raga**** breaks through an unreflecting mind.

यथागारं सुच्छन्नं वुट्ठि न समतिविज्झति।
एवं सुभावितं चित्तं रागो न समतिविज्झति। (14)

घने छप्पर से ढके हुए घर में वर्षा का जल उसी प्रकार नहीं घुसता, जैसे कि ध्यान-भावना से युक्त चित्त में राग नहीं घुसता है।

As rain does not break through a well-thatched house, ***Raga*** cannot break through a well-reflecting mind.

---

1. मनोभाव; क्षोभ।

* Pascion.

इध सोचति पेच्च सोचति पापकारी उभयत्थ सोचति।
सो सोचति सो विहञ्ञति दिस्वा कम्मकिलिट्ठमत्तनो।। (15)

पापकर्ता इस लोक और परलोक, दोनों, में शोक करता है; वह अपने हीन कर्मों (के परिणामों) को देखकर शोक करता है।

An evil-doer mourns, both, in this world and in the next; he suffers when he sees the result of his evil deeds.

इध मोदति पेच्च मोदति कतपुञ्ञो उभयत्थ मोदति।
सो मोदति सो पमोदति दिस्वा कम्मविसुद्धिमत्तनो।। (16)

गुणवान इस लोक और परलोक, दोनों, में हर्षित होता है। वह अपने सुकर्मों की विशुद्धि को देखकर आनन्दित व हर्षित होता है।

Virtuous delight, both, in this world and in the next; they delight and rejoice to see the purity of [their] deeds.

इध तप्पति पेच्च तप्पति, पापकारी उभयत्थ तप्पति।
पापं मे कतन्ति तप्पति, भिय्यो तप्पति दुग्गतिङ्गतो।। (17)

पापकर्ता इस लोक और परलोक, दोनों, में पीड़ित होता है। यह सोचकर कि उसने पाप किया है, वह कष्ट उठाता है; और बुरे मार्ग पर जाते हुए उसके दुखों में और अधिक वृद्धि होती है।

An evil doer suffers, both, in this world and in the next. He suffers when he thinks of the evil, he has done; and going on the evil path, he suffers more.

इध नन्दति पेच्च नन्दति, कतपुञ्ञो उभयत्थ नन्दति।
पुञ्ञं मे कतन्ति नन्दति, भिय्यो नन्दति सुग्गतिङ्गतो।। (18)

पुण्यकर्ता इस लोक और परलोक, दोनों, में आनन्दित होता है। यह सोचकर कि उसने पुण्य किया है, वह प्रसन्न होता है; और सुमार्ग पर जाते हुए उसकी प्रसन्नता में और अधिक वृद्धि होती है।

A virtuous man becomes happy, both, in this world and in the next. He becomes happy when he thinks of the good he has done; and going on the good path he becomes happier.

बहुम्पि चे सहितं भासमानो न तक्करो होति नरो पमत्तो।
गोपो व गावो गणपं परेसं न भागवा सामञ्ञस्स होति।। (19)

जो विचारहीन है, वह भले ही कितनी भी संहिताओं का पाठ करे, लेकिन (यदि) वह उनके अनुसार आचरण नहीं करता है, तो वह (केवल) दूसरों की गायें गिनने वाले ग्वाले की ही भाँति होता है, तथा 'श्रमणत्व' का अधिकारी नहीं होता।

One who is a thoughtless, even if he recites many hymns, but do not act according to them, he is like a cowherd counting the cows of others, and he has no share in the priesthood.

अप्पम्पि चे सहितं भासमानो, धम्मस्स होति अनुधम्मचारी।
रागञ्च दोसञ्च पहाय मोहं सम्मप्पजानो सुविमुत्तचित्तो।
अनुपादियानो इध वा हुरंवा, स भागवा सामञ्ञस्स होति।। (20)

कोई एक चाहे कुछेक संहिताओं का ही पाठ करे, लेकिन (यदि) वह उनके अनुसार ही आचरण करता है, राग-द्वेष और मोह को छोड़कर पूर्णतः सचेत और मुक्त चित्त हो गया है, तथा लोक-परलोक में आसक्त नहीं रहता है, तो वह 'श्रमणत्व' का अधिकारी होता है।

A man, even if he recites a few hymns, and act accordingly, but settling himself free from passion and bewilderment and by possessing true knowledge and serenity of mind, and without caring for this world and the next, [he] has indeed share in the priesthood.

****

अध्याय / Chapter
2

अप्पमादवग्गो/The Earnestness

अप्पमादो अमतपदं पमादो मच्चुनो पदं।
अप्पमत्ता न मीयन्ति ये पमत्ता यथा मता।। (21)

आलस्यहीनता निर्वाण का पथ है और आलस्य मृत्यु का मार्ग है। गम्भीर नहीं मरते हैं, जबकि प्रमादी मरे समान ही होते हैं।

Earnestness is the path of ***Nirvana*** and inactivity is the path of death. Careful persons do not die while careless are as if dead already.

एतं विसेसतो ञत्वा अप्पमादम्हि पण्डिता।
अप्पमादे पमोदन्ति अरियानं गोचरे रता।। (22)

पण्डितजन[1] इस प्रकार अप्रमाद के सम्बन्ध में विशेष रूप से जानकर, सुकर्मों में रत रहकर, इसी में प्रसन्न होते हैं।

Understanding it clearly, those who are advanced in earnestness*, they delight in earnestness, and rejoice in the knowledge of the elect. **

---

1. गम्भीर, निष्ठावान, दृढ़ निश्चयी और बुद्धिमान।

* A thoughful, faithful, firm and wise.

** The liberated.

ते झायिनो साततिका निच्चं दल्ह-परक्कमा।
फुसन्ति धीरा निब्बाणं योगक्खेमं अनुत्तरं।। (23)

जो निरन्तर ध्यान में रत और दृढ़ पराक्रमी हैं, वे धीर पुरुष निर्वाण जैसी सर्वोच्च प्रसन्नता को प्राप्त करते हैं।

Those, who are wise, meditative, steady, and always possess strong power, they attain ***Nirvana*** that is the highest happiness.

उट्ठानवतो सतिमतो सुचिकम्मस्स निसम्मकारिनो।
सञ्ञतस्स च धम्मजीविनो अप्पमत्तस्स यसोभिवड्ढति।। (24)

जो व्यक्ति कर्मशील, सचेत, सुकर्मी, संयमी, धर्मपरायण और अकामुक होता है, उसका यश फैलता है।

One who is active, earnest, not forgetful, and if his deeds are pure, he acts with considerations and if he restrains himself and lives according to ***dharma****, then his glory increases.

उट्ठानेनप्पमादेन सञ्ञमेन दमेन च।
दीपं कयिराथ मेधावी यं ओघो नाभिकीरति।। (25)

बुद्धिमान पुरुष कर्मशीलता, अप्रमाद, संयम और नियंत्रण द्वारा अपने लिए ऐसा द्वीप बना सकते हैं, जिसे बाढ़ डुबा नहीं सकती।

By activeness, earnestness, restrained and control, the wise men can make for themselves such an island which no flood can overwhelm.

* The Law.

पमादमनुयुञ्जन्ति बाला दुम्मेधिनो जना।
अप्पेमादञ्च मेधावी धनं सेट्ठं'व रक्खति।। (26)

मूर्खजन मिथ्याभिमान और दुर्बुद्धियों का अनुसरण करते हैं, जबकि बुद्धिमान लोग अप्रमाद की मूल्यवान आभूषण की भाँति रक्षा करते हैं।

Those, who are foolish, they follow arrogance and are evil-doers, while the wise keep earnestness as their most valuable jewel.

मा पमादमनुयुञ्जेथ मा कामरतिसन्थवं।
अप्पमत्तो हि झायन्तो पप्पोति विपुलं सुखं।। (27)

कामुकता[1] में मत फँसो, भोगों और रति से बचो और घमण्ड न दिखाओ। वही व्यक्ति महान सुख प्राप्त करता है, जो कामुकता रहित होकर ध्यान लगाता है।

Do not sink in ***Pramada****, do not run after enjoyments, love or lust. One who meditates, setting himself free from ***Pramada,*** he obtains ample pleasure.

पमादं अप्पमादेन यदा नुदति पण्डितो।
पञ्ञापासादमरुय्ह असोको सोकिनिं पजं।
पब्बतट्ठो'व भूम्मट्ठे धीरो बाले अवेक्खति।। (28)

कोई विद्वान जब प्रमाद को अप्रमाद से दूर हटा देता है, तब शोकरहित होकर बुद्धिमत्तापूर्वक वह शोकमग्न अज्ञानियों को उसी भाँति देखता है, जैसे पर्वत शिखर से कोई मैदान में खड़े लोगों को देखता है।

1. प्रमाद।

* Vanity.

A learned one, who leaves ***Pramada*** by earnestness, he, the wise climbing the terraced heights of wisdom and free from ***Dukha****and ***Shoka*****looks upon the sorrowing crowed, as one, who standing on a mountain, looks down upon standing upon the plain.

अप्पमत्तो पमत्तेसु सुत्तेसु बहुजागरो।
अबलस्सं'व सीघस्सो हित्वा याति सुमेधसो।। (29)

अकर्मण्यों के मध्य से कर्मशील और मोह की निद्रा में सोने वालों के मध्य से बुद्धिमान उसी भाँति आगे निकल जाता है, जैसे कि दुर्बल अश्वों से तेज अश्व आगे निकल जाता है।

As the thoughtful advances among the thoughtless, and the awake among the sleepers, a wise one advances like a racer leaving behind the hack.

अप्पमादेन मघवा देवानं सेट्ठतं गतो।
अप्पमादं पसंसन्ति पमादो गरहितो सदा।। (30)

आलस्यहीन होने के कारण ही इन्द्र देवताओं का राजा बना, (इसीलिए) सब आलस्य की निन्दा करते हैं, और आलस्यहीनता की प्रशंसा करते हैं।

By his earnestness ***Indra*** rose to the lordship of gods, [therefore] all blame heedlessness*** and praise earnestness.

---

* Sorrows.

** Suffering or grief.

*** Thoughfulness; mind fulness.

अप्पमादरतो भिक्खु पमादे भयदस्सि वा।
सञ्ञोजनं अणुं थूलं डहं अग्गी'व गच्छति।। (31)

जो भिक्षुक प्रमाद से डरता है और अप्रमाद में रत रहता है वह अग्नि के समान अपने छोटे-छोटे बन्धों को जलाते हुए आगे बढ़ जाता है।

A ***Bhikshu****, who is afraid of ***Pramada***** and delights in earnestness, he moves about like fire burning all his fetters-small or big. [31]

अप्पमादरतो भिक्खु पमादे भयदस्सि वा।
अभब्बो परिहानाय निब्बाणस्सेव सन्तिके।। (32)

प्रमाद से भयभीत होने वाले और अप्रमाद में रत रहने वाले भिक्षुक का पतन होना सम्भव नहीं, क्योंकि वह निर्वाण के निकट पहुँच चुका है।

A ***Bhikshu***, who is fearful of ***Pramada*** and delights in earnestness, he cannot fall way, because he has come close to the state of ***Nirvana***.

****

* A Monk

** The Lust

अध्याय / Chapter
3

चित्तवग्गो/The Thoughts

फन्दनं चपलं चित्तं दुरक्खं दुन्निवारयं।
उजुं करोति मेधावी उसुकारो'व तेजनं।। (33)

बुद्धिमान पुरुष उसी प्रकार इस चंचल, चपल, अक्षम और विवेकरहित चित्त को सीधा करता है, जैसे कि तीर का निर्माण करने वाला तीर को सीधा करता है।

A wise one makes strait his trembling and unsteady mind,A wise one makes strait his trembling and unsteady mind, that is difficult to guard and to hold back, as a fletcher makes strait his arrow.

वारिजो'व थले खित्तो ओकमोकत उब्भतो।
परिफन्दतिदं चित्तं मारधेय्यं पहातवे। (34)

जिस भाँति तालाब से निकालकर फेंकी हुई मछली शुष्क स्थान पर तड़पती है, उसी भाँति यह चित्त मार[1] के चंगुल से निकलने के लिए तड़पता है।

The thought trembles all over in order to escape from control of ***Mara****, as a fish taken out from tank and thrown on the dry ground.

---

1. कामुकता।

* The temper.

दुन्निग्गहस्स लहुनो यत्थ कामनिपातिनो।
चित्तस्स दमथो साधु चित्तं दन्तं सुखावहं।। (35)

ऐसे चित्त का दमन करना ही श्रेष्ठ है, जो अत्यन्त (ही) हल्का होने के कारण जहाँ चाहता है, चला जाता है, और जिसको स्थिर किया जाना कठिन है। (वास्तव में) दमन किया हुआ चित्त आनन्ददायक होता है।

It is good to suppress the ***Chitta****, which is difficult to hold in, and is flighty, and which rushes whenever it wishes. A controlled ***Chitta*** brings happiness.

सुदुद्दसं सुनिपुणं यत्थ कामनिपातिनं।
चित्तं रक्खेय्य मेधावी, चित्तं गुत्तं सुखावहं।। (36)

बुद्धिमान पुरुष ऐसे चित्त की रक्षा करे, जिसे जान पाना कठिन है, जो बहुत चालाक है और जो जहाँ चाहे, वहाँ चला जाता है। सुरक्षित चित्त (ही) सुखदायी होता है।

Let a wise man guard his ***Chitta*** that is very vigilant, and difficult to perceive, and which rushes whenever it wishes. A guarded ***Chitta*** brings happiness.

दूरङ्गमं एकचरं असरीरं गुहासयं।
ये चित्तं सञ्ञमेस्सन्ति मोक्खन्ति मारबन्धना।। (37)

दूरगामी और अकेले घूमने वाले कायारहित और सत्य-कक्ष (गुंहा) में निवासकर्ता इस चित्त को नियंत्रित करने वाले ही बन्धन से मुक्त होंगे।

They, who control their ***Chitta*** that travels far, and alone, and that is without a body and hides in chamber (of truth), will be free from the bonds of ***Mara***.

---
* The mind.

अनवट्ठितचित्तस्स सद्धम्मं अविजानतो।
परिप्लवपसादस्य पञ्ञा न परिपूरति।। (38)

अस्थिर चित्त वाले, सद्धर्म से अनभिज्ञ और अप्रसन्न चित्त वाले को ज्ञान की प्राप्ति नहीं हो सकती।

A man of unsteady and displeased ***Chitta*** and ignorant of the true Law, cannot gain [true] knowledge.

अनवस्सुतचित्तस्स अनन्वाहतचेतसो।
पुञ्ञपापपहीणस्स नत्थि जागरतो भयं। (39)

राग-द्वेष (जैसी) बुराइयों से रहित चित्त वाले जागृत पुरुष के लिए भय (का कारण) नहीं है।

On who does not think of good or evil, and if his ***Chitta*** is clear and free from evils, such a watchful [man] has no [reason to] fear.

कुम्भूपमं कायमिमं विदित्त्वा नगरूपमं चित्तमिदं ठपेत्वा।
योधेथ मारं पञ्ञायुधेन जितं च रक्खे अनिवेसनो सिया।।(40)

काया को घड़े के समान क्षणभंगुर मानते हुए और चित्त को किले के समान दृढ़ स्वीकार करते हुए, प्रज्ञा रूपी अस्त्र के साथ मार से युद्ध करो; जीतने के उपरान्त अपनी रक्षा करो तथा आसक्तिरहित होकर रहो।

Knowing that the body is perishable like a jar, and making the ***Chitta*** firm like a fort, [do] fight with ***Mara*** with [unique] weapon of knowledge; have watch after triumph and live without [any] attachment.

अचिरं वतयं कायो पठविं अधिसेस्सति।
छुद्धो अपेतविञ्ञाणो निरत्थं'व कलिङ्गरं।। (41)

अरे (संभलो)!चेतनारहित लकड़ी के समान यह तुच्छ काया शीघ्र ही पृथ्वी पर जा गिरेगी।

Oh (Beware)! This despised body, like a useless piece of wood, will lie on the Earth soon.

दिसो दिसं यन्तं कयिरा वेरी वा पन वेरिनं।
मिच्छापणिहितं चित्तं पपियो नं ततो करे।। (42)

एक शत्रु दूसरे शत्रु की अथवा एक वैरी दूसरे वैरी की जितनी हानि करता है, उससे भी (कहीं) अधिक हानि असत्य मार्ग पर लगा हुआ चित्त करता है।

Whatever a hater may harm to another hater or an enemy to another enemy, a wrong-directed ***Chitta**** can do much more [harm] than that.

न तं माता पिता कयिरा अञ्ञे चापि च ञातका।
सम्मापणिहितं चित्तं सेय्यसो न ततो करे।। (43)

माता-पिता एवं भाई-बन्धु जितनी भलाई कर सकते हैं, उससे (कहीं) अधिक भलाई सद्मार्ग पर लगा हुआ चित्त करता है।

Whatever parent and brother (and other relatives) can do for a man, a well-directed *Chitta* can do much more than that.

****

---

* Mind.

अध्याय / Chapter

4

पुप्फवग्गो/The Flower

को इमं पठवि विजेस्सति, यमलोकञ्च इमं सदेवकं।
को धम्मपदं सुदेसितं कुसलो, पुप्फमिव पचेस्सति।। (44)

इस पृथ्वी और यमलोक में, तथा देवलोक में (भी) कौन ऊपर उठेगा?[1] कौन (एक) बुद्धिमान पुरुष की भाँति सुन्दर ढंग से उपदेशित धर्म-पदों को सुनेगा?

Who will win on this Earth and in the ***Yamaloka**** and ***Devaloka*****? Who will listen beautifully preached ***Dharma***, as a wise man?

सेखो पठविं विजेस्सति यमलोकञ्च इमं सदेवकं।
सेखो धम्मपदं सुदेसितं कुसलो पुप्फमिव पचेस्सति।। (45)

(सच्चा) शिष्य ही इस पृथ्वी, और यमलोक में, तथा देवलोक में (भी) ऊपर उठेगा। (सच्चा) शिष्य ही, बुद्धिमान पुरुष की भाँति, सुन्दर ढंग से उपदेशित धर्म-पदों को चुनेगा।

A true disciple [of the Awakened] shall win on this Earth, the ***Yamaloka***, and the ***Devaloka.*** He shall find out beautifully preached ***Dharma***, as a wise man.

---

1. विजयी होगा।

* The World of Yama - Hell.

** The World of Gods.

फेणूपमं कायमिमं विदित्वा मरीचिधम्मं अभिसम्बुधानो।
छेत्वान मारस्य पपुप्फकानि अदस्सनं मच्चुराजस्स गच्छे।। (46)

जो इस काया को चमड़े के समान अथवा मृग-मरीचिका की भाँति समझता है, वही मार के बन्धन को तोड़ने वाला तथा यमराज को न दिखाई देने वाला बनता है।

One, who considers this body like the [animal] hide or a mirage; he breaks the bond of ***Mara*** and never faces ***Yamaraja***-the King of death.

पुप्फानि हेव पचिनन्तं व्यासत्तमनसं नरं।
सुत्तं गामं मोहोघो'व मच्चु आदाय गच्छति।। (47)

उस आसक्त पुरुष को, जो भोग-ऐश्वर्य के पुष्पों को चुनता है, मृत्यु उसी तरह ले जाती है, जैसे कि किसी सोए हुए गाँव को बाढ़ बहाकर ले जाती है।

One who chooses flowers of enjoyment-luxury, death carries off him, as flood canes a sleeping village.

पुप्फानि हेव पचिनन्तं ब्यासत्तमनसं नरं।
अतित्तं येव कामेसु अन्तको कुरुते वसं।। (48)

उस आसक्त पुरुष को, जो भोग-ऐश्वर्य के पुष्पों को चुनता है, काम-वासना[1] में अतृप्त रहते हुए (भी), मृत्यु अपने अधीन कर लेती है।

One who selects flowers of enjoyment-comfort, death subdues him, [even] before he satisfied in his lust.

---

1. एवं भोगो में।

यथापि भमरो पुप्फं वण्णगन्धं अहेठयं।
पलेति रसमादाय एवं गामे मुनी चरे।। (49)

जिस प्रकार भौंरा पुष्प की गंध को, उसके रंग को, एवं (कोई) हानि पहुँचाए बिना (ही), उसके रस को लेकर चला जाता है, उसी प्रकार (एक) मुनि को भी ग्राम में विचरण करना चाहिए।

As a [black] beetle*, after collecting essence, departs without [any] damage to the flower, or its colour, or scent, a ***Muni***** must dwell in a village.

न परेसं विलोमानि न परेसं कताकतं।
अत्तनो'व अवेक्खेय्य कतानि अकतानि च।। (50)

मनुष्य को चाहिए कि वह अपने (ही) किए और न किए को देखे, न कि दूसरो के किए- न किए को देखता फिरे, अथवा उनके (बुरे) वचनों पर ध्यान दे।

A man must look at his own misdeeds or negligence, and not of others' sins or faults; he must not take notice of others' [ill] words.

यथापि रुचिरं पुप्फं वण्णवन्तं अगन्धकं।
एवं सुभसिता वाचा अफला होति अकुब्बतो।। (51)

जैसे एक सुन्दर रंग वाला फूल, लेकिन बिना सुगंध के (बेकार) होता है, उसी प्रकार एक व्यक्ति, जो उपदेश के अनुरूप आचरण नहीं करता है, उसके लिए वे (उपदेशित) शब्द निष्फल होते हैं।

* A long black bee.

** A Saint; saga; Seer.

The preached words are fruitless for him who does not act according to preached ***Dharma***, as a beautiful flower, that is full of colour, but [is] without scent.

यथापि रुचिरं पुप्फं वण्णवन्तं अगन्धकं।
एवं सुभासिता वाचा सफला होति कुब्बतो।। (52)

जैसे एक सुन्दर रंग वाला फूल सुगन्ध-युक्त (भी) होता है, उसी भाँति उपदेश के अनुसार आचरणकर्ता के लिए (उपदेशित) शब्द पूर्णतः फलदायक होते हैं।

The preached words are fruitful for him, who acts accordingly, as a beautiful flower that is full of colour as well as full of scent.

यथापि पुप्फरासिम्हा कयिरा मालागुणे बहू।
एवं जातेन मच्चेन कत्तब्बं कुसलं बहुं। (53)

जिस प्रकार फूलों के ढ़ेर से विभिन्न प्रकार की मालाएँ बनाई जा सकती हैं, उसी प्रकार संसार में उत्पन्न मानव द्वारा अनेक श्रेष्ठताएँ प्राप्त की जा सकती हैं।

A man [once] born in [this] world may achieve so many good things, as so many garlands can be made from a pile of flowers.

न पुप्फगन्धो पटिवातमेति न चन्दनं तगरमल्लिका वा।
सतञ्च गन्धो पटिवातमेति सब्बा दिसा सप्पुरिसो पवाति।।(54)

पुष्पों की सुगन्ध, चन्दन की सुगन्ध तथा तगर व मल्लिका के फूलों की सुगन्ध वायु के विरुद्ध नहीं जाती है; लेकिन श्रेष्ठजन की

सुगन्ध हवा के विरुद्ध (भी) जाती है। श्रेष्ठजन सभी दिशाओं में अपनी सुगन्ध फैलाते रहते हैं।

The scent of flowers, the Scent of sandal-wood and ***Tagara*** and ***Mallika*** flowers does not flow against the wind, but the aroma of a good man flows [even] against the wind. Good people pervade everywhere.

चन्दनं तगरं वापि उप्पलं अथ वस्सिकी।
एतेसं गन्धजातानं सीलगन्धो अनुत्तरो।। (55)

चन्दन, तगर, कमल और जूही की सुगन्ध की तुलना में सदाचार की सुगन्ध कहीं अधिक उत्तम एवं प्रभावशाली होती है।

The scent of ethics is the best and effective in comparison with the scent of sandal-wood, ***Tagara***, lotus and ***Juhi****.

अप्पमत्तो अयं गन्धो यायं तगरचन्दनी।
यो च सीलवतं गन्धो वाति देवेसु उत्तमो।। (56)

तगर एवं चन्दन की सुगन्ध क्षणिक (व साधारण) होती है, लेकिन शीलवानों (अथवा गुणवानों) की सुगन्ध दीर्घकालिक (तथा अतिविशिष्ट) होती है, एवं वह देवताओं (तक) में भी व्याप्त हो जाती है।

The scent of sandal-wood and ***Tagara*** is momentary (and ordinary), but the perfume coming from a virtuous (or a skilled) is of long standing, and it defused [even] in gods.

---

* Jasmine.

तेंस सम्पन्नसीलानं अप्पमादविहारिनं।
सम्मदञ्ञा विमुत्तानं मारो मग्गं न विन्दति।। (57)

जो शीलमय (गुणवान) है, जो आलस्यहीन (सचेत व सक्रिय) होकर विहार करते हुए यथार्थ ज्ञान द्वारा विमुक्त हो गया है, उसके मार्ग को मार अवरुद्ध नहीं कर सकती।

One who is virtuous, industrious [thoughtful and active], and who is emancipated through true knowledge, ***Mara*** can never choke his way [to ***Nirvana***].

यथासङ्कारधानस्मिं उज्झितस्मिं महापथे।
पदुमं तत्थ जायेथ सुचिगन्धं मनोरमं।। (58)
एवं संकारभूतेसु अन्धभूते पुथुज्जने।
अतिरोचति पञ्ञाय सम्मासम्बुद्धसावको।। (59)

जिस प्रकार महामार्ग पर फेंके गए कूड़े के ढेर पर मनोहारी और सुगन्ध से भरपूर पदूम उत्पन्न होता है, उसी प्रकार कूड़े के समान (अंधविश्वासिओं) में सम्यक् सम्बुद्ध श्रावक अपने ज्ञान (प्रज्ञा) के बल पर शोभायमान होता है।

As on a heap of rubbish cast upon the highway, the heart-stealing and full of perfume ***Padma**** grows, among superstitious, a ***Shravaka*** [disciple of the truly enlightened ***Buddha***] shines forth by his ***Prajana*****.

****

* Lily.

** Knowledge.

अध्याय / Chapter 5

बालवग्गो/The Fool

दीघा जागरतो रत्ति दीघं सन्तस्स योजनं।
दीघो बालानं संसारो सद्धम्मं अविजानतं।। (60)

जागृत रहने वाले के लिए रात्रि लम्बी होती है, जबकि थके हुए (मनुष्य) के लिए योजन लम्बा होता है। जो सद्धर्म से अनभिज्ञ होता है, उसके लिए जन्म और मरण का चक्र लम्बा होता है।

Night is long for awake, while even a ***Yojana**** is long for a tired (person). The circle of life is very long to a foolish, which does not possess the knowledge of the true ***Dharma.***

चरञ्चे नाधिगच्छेय्य सेय्यं सदिसमत्तनो।
एकचरियं दल्हं कयिरा नत्थि बाले सहायता।। (61)

विचरण करते हुए यदि अनुरूप (या बराबर का) साथी न मिले, तो दृढ़तापूर्वक अकेले ही घूमें; मूर्ख (या मूढ़) के साथ मित्रता अच्छी नहीं होती है।

If a traveler does not find an equal [on the way], he should go ahead alone [and] firmly; companionship with a fool [or ignorant] is not good.

---

* Distance of a few miles.

पुत्ता मत्थि धनम्मत्थि इति बालो विहञ्ञति।
अत्ता हि अत्तनो नत्थि कुतो पुत्तो कुतो धनं।। (62)

'यह पुत्र मेरा है', (या) 'यह धन मेरा है', मूर्ख (व्यक्ति), ऐसा विचार करके दुविधा मे रहता है; (लेकिन) जब काया ही अपनी नहीं है, तो पुत्र या धन कहाँ अपना है?

'This is my son' [or] 'this wealth belongs to me', thinking so, an ignorant (person) suffers; [but] when his own body does not belong to him, how can he claim for the son or the wealth.

यो बालो मञ्ञति बाल्यं पण्डितो वापि तेन सो।
बालो च पण्डितमानी स वे बालो'ति वुच्चति।। (63)

जो मूर्ख अपनी मूर्खता को समझता है, वह (वहाँ तक) बुद्धिमान (अथवा ज्ञानी) है। लेकिन मूर्ख होते हुए भी, जो अपने को बुद्धिमान समझता है, वह (वास्तव में) मूर्ख ही है।

The fool, aware of his foolishness, is sensible at least so far; but a fool who considers himself to be an intelligent; he [indeed] is a fool.

यावजीवम्पि चे बालो पण्डितं पयिरुपासति।
न सो धम्मं विजानाति दब्बी सूपरसं यथा।। (64)

यदि कोई मूर्ख व्यक्ति जीवन भर किसी ज्ञानी के साथ रहता है, तो वह (तब भी) धर्म को उसी तरह नहीं जान पाता, जैसे कि कलछी सूप के स्वाद को नहीं जान पाती।

If an ignorant [man] stays with a wise even all his life, he does not perceive the ***Dharma***, as a spoon does not perceive the taste of soup.

मुहुत्तमपि चे विञ्ञू पण्डितं पयिरुपासति।
खिप्पं धम्मं विजानाति जिह्वा सूपरसं यथा।। (65)

यदि कोई ज्ञानी व्यक्ति (अति) अल्प समय के लिए भी किसी बुद्धिमान (पण्डित) के सान्निध्य में रहता है, तो वह धर्म को उसी भाँति (अति) शीघ्र जान लेता है, जैसे कि जिह्वा सूप के स्वाद को जान लेती है।

If a prudent person stays with an intelligent (*Pandit*), even [only] for a short term, he perceives the ***Dharma***, as the tongue perceives the taste of soup.

चरन्ति बाला दुम्मेधा अमित्तनेव अत्तना।
करोन्तो पापकं कम्मं यं होति कटुकप्फलं।। (66)

दुर्बुद्धि-मूर्ख (पाप कर्मों के कारण) स्वतः ही अपना (सबसे बड़ा) शत्रु हो जाता है, क्योंकि पापमय कर्मों का फल तो (शत्रु के समान) कड़वा ही होता है।

A fool [of poor understanding, due to his sinful acts] becomes his [own] greatest enemy; because evil deeds (like enemy) bring bitter fruits.

न तं कम्मं कतं साधु यं कत्वा अनुतप्पति।
यस्स अस्सुमुखो रोदं विपाकं पटिसेवति।। (67)

जिस कार्य को करने से पश्चाताप हो, और जिसका फल आँसू बहाने व रोने के रूप में मिले, वह कार्य करना (ही) उचित नहीं होता।

That work is not well done which made a man felt contrition, and the result of which he receives [in] crying and with a tearful face.

तञ्च कम्मं कतं साधु यं कत्वा नानुतप्पति।
यस्स पतीतो सुमनो विपाकं पटिसेवति।। (68)

जिस कार्य को करने के बाद पश्चाताप न हो, जिसके फल से आनन्द मिले, उसी कार्य को करना उचित होता है।

But, that deed is well done that does not make a man regretful, and the result of which he receives cheerfully.

मधुवा मञ्ञती बालो याव पापं न पच्चति।
यदा च पच्चती पापं अथ दुक्खं निगच्छति।। (69)

पाप कर्म का जब तक फल नहीं मिल जाता है, तब तक (तो) मूर्ख (व्यक्ति) उसे मधु के समान मीठा अनुभव करता है, लेकिन जब पाप का फल सामने आ जाता है, तो वह दुखी होता है।

The evil deed is like honey for a foolish, as long as it does not bear fruit, but when it ripens, the fool suffers.

मासे मासे कुसग्गेन बालों भुञ्जेथ भोजनं।
न सो संखतधम्मानं कलं अग्घति सोलसिं।। (70)

यदि कोई मूर्ख व्यक्ति कुश[1] की नोक से एक-एक माहोपरान्त भी भोजन करे, तो वह (तब भी) धर्म-ज्ञानियों के सोलहवें भाग के बराबर तृप्त नहीं हो सकता।

If a fool [ignorant] eats the food [even] month after month, with the tip of a blade of ***Kusha****, he [even then] cannot worth the sixteen particle of a righteous, having knowledge of the ***Dharma***.

न हि पापं कतं कम्मं सज्जु खीरं'व मुच्चति।
डहन्तं वालमन्वेति भस्माच्छन्नो'व पावको।। (71)

पापमय कर्म ताजे (शुद्ध) दुग्ध की भाँति तुरन्त फलदायी नहीं होता; वह तो राख में छिपी अग्नि की भाँति मूर्ख (मानव) का पीछा करता है।

Like fresh milk evil deed does not bear result immediately; it follows the foolish like fire covered with ashes.

यावदेव अनत्थाय ञत्तं बालस्स जायति।
हन्ति बालस्स सुक्कसं मुद्धमस्सं विपातयं।। (72)

किसी मूर्ख (व्यक्ति) का अज्ञान उसके (अपने ही) अनर्थ के लिए होता है, वह उसकी प्रज्ञा का नाश करके उसके सुकर्मों का सफाया कर देता है।

---

1. वैदिक अनुष्ठानों में प्रयुक्त होने वाली पवित्र घास।

* A sacred grass used in Vedic ceremonies.

Ignorance-foolishness of a fool [person] turns him to the wrong [way]; it destroys his wisdom and cleaves his good-meritorious act [if any].

असतं भावनमिच्छेय्य पुरेक्खारञ्च भिक्खुसु।
आवासेसु च इस्सरियं पूजा परकुलेसु च। (73)

मूर्ख (व्यक्ति) झूठे सम्मान की चाह रखता है; भिक्षुओं में वरीयता पाने की उसमें इच्छा होती है; आश्रम (संघ-स्थान) में वह स्वामित्व की, जबकि (संसार में) गृहस्थियों द्वारा पूजा की (वह) कामना करता है।

A foolish one wishes for a false reputation; he desires for a higher rank among the ***Bhikshukas***, and for lordship in the ***Ashrama*** [Monastery], and he looks for worship by householders.

ममेव ककतमञ्ञन्तु गिही पब्बजिता उभो।
ममेवातिवसा अस्सु किच्चाकिच्चेसु किस्मिचि।।
इति बालस्स सङ्कप्पो इच्छा मानो च बड्ढति।। (74)

'गृहस्थी और भिक्षुक, दोनों (ही), मेरे द्वारा किए गए पर विचार करें और वे मेरे ही अधीन रहकर (जो कुछ करना है) करें,' ऐसा ही मूर्ख का मन होता है, और ऐसे (मूर्ख) की इच्छाएँ और अभिमान बढ़ते (रहते) हैं।

'May both, the householders and those [who] have renounced the world, think what I have done; may they do under my direction [what is to be done]', a fool thinks like this; and desires and pride [the first of the seven deadly sins] increases in such a fool.

अञ्ञा हि लाभूपनिसा अञ्ञा निब्बाणगामिनी।
एवमेतं अभिञ्ञाय भिक्खु बुद्धस्स सावको।
सक्कारं नाभिनन्देय्य विवेकमनुब्रूहये।। (75)

एक मार्ग लाभ का है, और दूसरा मार्ग निर्वाण का है; यदि (कोई) भिक्षुक बुद्ध का अनुयायी इस (सत्य) बात को जानता है, तो वह सत्कार (की कामना) के अधीन नहीं होगा, और वह एकान्तवास करता हुआ, विवेक के साथ चिन्तन करेगा।

One way leads to gain, and the other goes towards the ***Nirvana**** if a ***Bhikshuka*****knows this [immortal] truth, he will not care for the honour, he will separate him from the world, and will contend and think wisely.

****

* The highest stage.

** The disciple of the Buddha.

अध्याय / Chapter 6

पण्डितवग्गो/The Wise

नीधीनं'व पवत्तारं यं पस्से वज्जदस्सिनं।
निग्गय्हवादिं मेधाविं तादिसं पण्डितं भजे।
तादिसं भजमानस्स सेय्यो होति न पापियो।। (76)

दोषों को प्रकट करने वाले संयमी, मेधावी-विद्वान पण्डित का उसी तरह अनुसरण करो, जैसे पृथ्वी के भीतर छिपे हुए खजाने का पता बताने वाले व्यक्ति का (अनुसरण किया जाता है); ऐसा करने वाले को लाभ मिलेगा, उसे हानि नहीं होगी।

Follow that wise, controlled and disciplined ***Pandit**** who shows vices, as you follow the one who tells of hidden treasures [in the Earth]; it is good, not bad, if a controlled and disciplined ***Pandit*** is followed.

ओवदेय्यानुसासेय्य असब्भा च निवारये।
सतं हि सो पियो होति असतं होति अप्पियो।। (77)

सच्चे उपदेश देने वाला, अनुशासन प्रिय और कुकर्मों से बचने वाला सज्जनों को प्रिय और दुर्जनों को अप्रिय होता है।

He is loved and liked by the good [people], and hated and disliked by the bad [man], who is disciplined

* A learned; scholar; wise.

and teaches the truth, and who forbids [not to do] that is improper.

न भजे पापके मित्ते न भजे पुरिसाधमे।
भजेथ मित्ते कल्याणे भजेथ पुरिसुत्तमे।। (78)

पापों में संलग्न और अधम पुरुषों से मित्रता न करो; गुणवान एवं उत्तम (प्रकार के) पुरुषों से (ही) मित्रता करो।

Do not have the friendship with wrong-doers, and with those [who] are low [in mentality]; have the friendship with virtuous and who are good and wise.

धम्मपीती सुखं सेति विप्पसन्नेन चेतसा।
अरियप्पवेदिते धम्मे सदा रमति पण्डितो।। (79)

धर्म के मार्ग का अनुसरण करने वाला सदैव ही आनन्दमय होकर सोता है। पाण्डितजन सदैव आर्य सत्य का ज्ञान प्रदत्त करने वाले धर्म का (ही) पालन करते हैं।

One who follows ***Dharma***, he sleeps well and happily. The ***[Pandits]*** wise always follow the ***Dharma****.

उदकं हि नयन्ति नेत्तिका उसुकारा नमयन्ति तेजनं।
दारुं नमयन्ति तच्छका अत्तानं दमयन्ति पण्डिता।। (80)

नहर का निर्माण करने वाले जल को दिशा देते हैं, किनारा बनाने वाले उसे (किनारे को) समुचित (ढंग से) निर्मित करते हैं, बढ़ई लकड़ी को सही स्वरूप प्रदान करते हैं, और पण्डितजन अपने मन का दमन करते हैं।

* Preached by those who have knowledge of the *Arya-Satya*.

Canal-maker lead the water, setters set [its] sides [in a proper manner]; carpenters give [proper] shape to wood, and the wise control their [***Mana***] mind.

सेलो यथा एकघनो वातेन न समीरति।
एवं निन्दा पसंसासु न समिञ्जन्ति पण्डिता।। (81)

एक सुदृढ़-मजबूत पर्वत तीव्र गति से बहती वायु में भी जिस प्रकार नहीं डगमगाता है, उसी प्रकार पण्डितजन जन-प्रशंसा और निन्दा से नहीं डगमगाते हैं।

As a firm [and solid] mountain is not shaken by the [fast flowing] wind, ***Pandits*** never deviate amidst blame and praise.

यथापि रहदो गम्भीरो विप्पसन्नो अनाविलो।
एवं धम्मानि सुत्वान विप्पसीदन्ति पण्डिता।। (82)

शान्त तथा गम्भीर सरोवर की ही भाँति पण्डितजन धर्ममय उपदेशों को सुनकर आनन्दित होते हैं।

After listing the ***Dharma***, a wise becomes cheerful like a deep and smooth lake.

सब्बत्थ वे सप्पुरिसा वजन्ति न कामकाया लपयन्ति सन्तो।
सुखेन फुट्ठा अथवा दुखेन न उच्चावचं पण्डिता दस्सयन्ति।। (83)

पण्डितजन प्रत्येक स्थिति में सावधानीपूर्वक विचरण करते हैं; वे इन्द्रिय-विषयक सन्तुष्टि की बात नहीं करते, और सुख एवं दुख, दोनों, ही स्थितियों में उल्लासित अथवा शोकग्रस्त नहीं होते।

The wise walk under all circumstances, but carefully; they do not talk of desire for sensual gratification and do not appear distressed [or depressed], they are joyful in both-the moments of sorrow and the time of happiness.

न अत्तहेतु न परस्स हेतु न पुत्तमिच्छे न धन रट्ठं।
न इच्छेय्य अधम्मेन सम्मिद्धिमत्तनो स सीलवा पञ्ञवा
धम्मिको सिया।। (84)

(स्वयं) अपने लिए, अथवा अन्यों के लिए (भी) पुत्र, धन-सम्पत्ति और राज्य (सत्ता) को न चाहने वाला, और अधर्म से उन्नति की इच्छा न करने वाला ही श्रेष्ठ, बुद्धिमान, गुणवान और धर्मपरायण होता है।

He, indeed, is a righteous, virtuous, and intelligent and good [man] who does not wish for a son, wealth or lordship [of a state] for his own or for other; and who do not desire for his own success through unfair means.

अप्पका ते मनुस्सेसु ये जना पारगामिनो।
अथायं इतरा पजा तीरमेवानुधावति।। (85)

ऐसे मनुष्य कम ही होते हैं जो पार जाते हैं[1], अधिकांशजन (तो) किनारे पर ही दौड़ते रहते हैं।

They are few who arrive at the other shore*; most of the people run up and down the shore.

---

1. निर्वाण प्राप्त करते हैं।

*Achieve the highest (Nirvana).

ये च खो सम्मदक्खाते धम्मे धम्मानुवत्तिनो।
ते जना पारमेस्सन्ति मच्चुधेय्यं सुदुत्तरं।। (86)

उपदेशों को भली-भाँति ग्रहण करके और उन्हें व्यवहार में उतारकर आचरण करने वाला ही इस कठिन संसार रूपी सागर-मृत्युलोक-से पार लग सकेगा।

One who grasps well what is preached [to him], and follows it in [his] daily practices, he will pass over the dominion of death that is [very] difficult to cross. [86]

कण्हं धम्मं विप्पहाय सुक्कं भावेथ पण्डितो।
ओका अनोकं आगम्म विवेके यत्थ दूरमं।। (87)

पण्डितजन को चाहिए कि वे अशुभ धर्म का त्याग करके सुकर्मों मे संलग्न हों, तथा वे घर से दूर जाकर एकान्तवास करें।

The wise must leave ***[Adharma***] sinful walk of life; he must indulge in good [and welfaristic] acts, and follow confinement.

तत्ताभिरतिमिच्छेय्य हित्वा कामे अकिञ्चनो।
परियोदपेय्य अत्तानं चित्तक्लेसेहि पण्डितो।। (88)

वासनाओं का त्याग करके एवं इच्छाओं को छोड़कर पण्डितजन सदैव (ही) चित्त के विकारों को दूर करने में संलग्न रहें।

Leaving all desires, enjoyments and pleasures, a wise must purge himself from all the troubles of ***Chitta****.

* The mind.

येसं सम्बोधि अङ्गेसु सम्मा चित्तं सुभावितं।
आदान-परिनिस्सग्गे अनुपादाय ये रता।
खीणासवा जुतीमन्तो ते लोके परिनिब्बुता।। (89)

सम्बोधि अंगों में जिनका चित्त भली प्रकार से एवं पूर्णतः अभ्यस्त है, और जो अपरिग्रह में जा चुके हैं, राग-द्वेष से परे हैं, ऐसे (ही) विकारों से मुक्त और जागृतजन निर्वाण प्राप्त करते हैं।

Whose mind is well grounded in the elements of knowledge, who have given up all [worldly] desires, whose mind is free from attachments and appetites, and who are delighted, they are free and reach the highest stage *.

****

* The Nirvana.

अध्याय / Chapter
7

अर्हन्तवग्गो/The Venerable

गतद्धिनों विसोकस्स विप्पमुत्तस्स सब्बधि।
सब्बगन्थप्पहीनस्स परिलाहो न विज्जति।। (90)

जो जीवन-यात्रा को पूर्ण कर चुके हैं, जो अन्तिम लक्ष्य पर पहुँच गए हैं, जिन्हें शोक नहीं है और जो सब ओर से मुक्त हैं, उनके लिए कोई कष्ट (शेष) नहीं है।

They, who have completed their journey [of life], and who have achieved the [ultimate] goal, whose grieves have come to [an] end, and who are completely free, there is no suffering for the.

उय्युञ्जन्ति सतीमन्तो न निकेते रमन्ति ते।
हंसा'व पल्ललं हित्वा ओकमोकं जहन्ति ते।। (91)

जागरूक और कर्मप्रिय[1] पुरुष गृह-सुख में नहीं रमा करते, वे (तो) छोटे सरोवर का त्याग कर देने वाले हंस की (ही) भाँति अपने घर-बार को छोड़ देते हैं।

They, who are awakened and active [indulged in good acts], do not tarry in [pleasures of] their abode. They leave their houses like a swan that leaves a [small] lake.

1. उद्यमी।

येसं सन्निचयो नत्थि ये परिञ्ञातभोजना।
सुञ्ञतो अनिमित्तो च विमोक्खो यस्स गोचरो।
आकासे'व सकुन्तानं गति तेसं दुरन्नया।। (92)

वे, जो संचय नहीं करते, और जो नियत मात्रा में भोजन लेते हैं, जिन्हें शून्यभाव से कारणरहित निर्वाण दिखाई देता है, उनकी गति अम्बर में विहार करने वाले पक्षियों की (ही) भाँति अज्ञात होती है।

Who do not hoard, and take [only] recognized food, and who perceive void and unconditional ***Nirvana***, their path is difficult to understand like that of birds in the sky.

यस्या'सवा परिक्खीणा आहारे च अनिस्सितो।
सुञ्ञतो अनिमित्तो च विमोक्खो यस्स गोचरो।
आकासे'व सकुन्ताना पदं तस्स दुरन्नयं।। (93)

जिनकी इच्छाएँ क्षीण हो गई हैं, और जो नियत मात्रा में (ही) भोजन लेते हैं, जिन्हें शून्यभाव से कारणरहित निर्वाण दिखाई देता है, उनकी गति अम्बर में विहार करने वाले पक्षियों की (ही) भाँति अज्ञात होती है।

Whose desires are stilled and who take [only] recognized food, and who perceive void and unconditional ***Nirvana***, their path is difficult to understand like that of birds [flying] in the sky.

यस्सिन्द्रियानि समथं गतानि, अस्सा यथा सारथिना सुदन्ता।
पहीनमानस्स अनासवस्स, देवापि तस्स पिहयन्ति तादिनो। (94)

सारथी द्वारा सधे हुए अश्व के समान जिसकी इन्द्रियाँ शान्त हो गई हैं, जिसका अहंकार नष्ट हो गया है और जिसकी इच्छाएँ समाप्त हो गई हैं, ऐसे किसी एक से देवता भी स्पर्धा करते हैं।

Whose senses have been subdued like a horse, well-trained by the driver, and who is free from pride and [worldly] desires, even gods contend with such a man.

पठवीसमो नो विरुज्झति इन्दखीलूपमो तादि सुब्बतो।
रहदो'व अपेतकद्दमो संसारा न भवन्ति तादिनो।। (95)

कर्तव्यनिष्ठ पुरुष पृथ्वी के दूसरे पुरुषों की भाँति क्षुब्ध नहीं होता, वह इन्द्रकील (धुरी) के समान स्थिर रहता है; निर्मल तालाब की भाँति उनमें कोई विकार नहीं रहता।

One who is dutiful, he is different from others on the earth, and he is tolerant like the Indrakeela (pole); he is like a [clean] lake and free from the cycle of birth and death.

सन्तं तस्स मनं होति सन्ता वाचा च कम्म च।
सम्मदञ्ञाविमुत्तस्स उपसन्तस्स तादिनो।। (96)

सत्यमय ज्ञान द्वारा मुक्त हुए पुरुष मन, वाणी और कर्म से शान्त होते हैं; वे पूर्ण शान्त हो जाते हैं।

One who obtains ***Nirvana*** through true knowledge, his thought, word and deed become quiet; he becomes completely quiet.

अस्सद्धो अकतञ्ञू च सन्धिच्छेदो च यो नरो।
हतावकासो वन्तासो स वे उत्तमपोरिसो।। (97)

जो अन्ध-भक्ति (अथवा श्रद्धा) से मुक्त है, जिसने सत्यता को जान लिया है और सारे सांसारिक बन्धनों को काट दिया है, विषय-भोगों, वासनाओं और इच्छाओं का जिसने दमन किया है, वही सर्वोत्तम पुरुष है।

One who does not follow blindly, and knows what is the truth, who has cut all ties and has removed [all] desires, passions, luxuries and enjoyments, he is the greatest of men.

गामे वा यदि वारञ्ञे निन्ने वा यदि वा थले।
यत्थारहन्तो विहरन्ति तं भूमिं रामणेय्यकं ।। (98)

ग्राम हो अथवा वन, निम्न भूमि हो या उच्च हो, जहाँ (कही) भी अर्हत-श्रद्धेय पुरुष विहार करते हैं, वह (स्थान) रमणीय होता है।

Whether in a village or in a forest, on sea or on land, that place is delightful where ***Arahats**** stays.

रमणीयानि अरञ्ञानि यत्थ न रमते जनो।
वीतरागा रमिस्सन्ति न ते कामगवेसिनो।। (99)

उस वन में, जहाँ साधारण लोग नहीं रह सकते, वहाँ वीतरागी रमते हैं; इसलिए क्योंकि वे (वीतरागी) कामवासनाओं के पीछे नहीं दौड़ते।

The passionless wander happily in a forest where common people do not find delights. It is because they [passionless] do not look for luxuries and enjoyments.

****

* The Venerable (people).

अध्याय / Chapter

8

सहस्सवग्गो/The Thousands

सहस्समपि चे वाचा अनत्थपदसंहिता।
एकं अत्थपदं सेय्यो यं सुत्त्वा उपसम्मति।। (100)

निरर्थक पदों एवं एक हजार वाक्यों वाली (किसी) संहिता की अपेक्षा (उस) एक सार्थक पद को सुनना श्रेष्ठ है, जिससे शान्ति की प्राप्ति हो।

Only one [***Pada***] verse that, if heard by a man, gives peace to him, is [far] better than a speech made up of one thousand useless sentences.

सहस्समपि चे गाथा अनत्थपदसंहिता।
एकं गाथपदं सेय्यो यं सुत्त्वा उपसम्मति।। (101)

निरर्थक पदों वाली एक हजार गाथाओं से युक्त संहिता की अपेक्षा (किसी) सार्थक गाथा का (वह) एक पद श्रेष्ठ है, जिसे सुनने से शान्ति मिलती हो।

It is better to listen [only] one word of a [***Gatha***] meaningful song that gives pleasure, than a song composed of thousands of senseless words.

यो च गाथासतं भासे अनत्थपदसंहिता।
एकं धम्मपदं सेय्यो यं सुत्त्वा उपसम्मति।। (102)

निरर्थक पदों वाली एक सौ गाथाएँ सुनाने की अपेक्षा धर्मयुक्त (वह) एक (ही) पद श्रेष्ठ है, जिसे सुनकर शान्ति प्राप्त हो।

It is [far] better to listen one righteous verse that gives peace, than a song of thousands of senseless words.

यो सहस्सं सहस्सेन सङ्गामे मानुसे जिने।
एकं च जेय्यमत्तानं स वे सङ्गामजुत्तमो।। (103)

उस मनुष्य (योद्धा) से, जो युद्ध में हजारों मनुष्यों को परास्त करता है, वह मनुष्य (कहीं) अच्छा है, जो (स्वयं) अपने को जीत लेता है।

One who conquers himself, he is greater than that a warrior, who conquers a thousand people thousand times in the battle.

अत्ता हवे जितं सेय्यो या चायं इतरा पजा।
अत्तदन्तस्स पोसस्स निच्चं सञ्ञतचारिनो।। (104)

दूसरों को जीतने की अपेक्षा (स्वयं) अपने पर विजय पाना (ही) श्रेष्ठ है। जो अपना दमन करके संयमित रहता है, वही श्रेष्ठ होता है।

One's own [self] conquered is better than to conquer others. One who conquers himself, and is restrained, he, indeed, is a good [man].

नेव देवो न गन्धब्बो न मारो सह ब्रह्मुना।
जितं अपजितं कयिरा तथारूपस्स जन्तुनो।। (105)

अपने पर विजय पा लेने वाले पुरुष को देव, गंधर्व, ब्रह्मा और मार (में से) कोई (भी) पराजित नहीं कर सकता।

One who conquers himself, he cannot be defeated [even] by a god, a ***Gandharva***, or by ***Mara***, or ***Brahman***.

मासे मासे सहस्सेन यो यजेथ सतं समं।
एकञ्च भावितत्तान मुहुत्तमपि पूजये।
सा येव पूजना सेय्यो यं चे वस्ससतं हुतं।। (106)

यदि (कोई) एक मनुष्य हजार दक्षिणाएँ दे, तथा वह माह-प्रतिमाह सौ वर्षों तक यज्ञ भी करे, और (कोई) दूसरा व्यक्ति किसी सद्पुरुष-ज्ञानवान की क्षणभर के लिए पूजा मात्र ही करे (अर्थात उसका सम्मान करे), तो वह पहले पुरुष से श्रेष्ठ है।

If someone donates for a thousand times, and he also sacrifices month by month with one hundred years, and the other pays only homage to a man of true knowledge, [i.e. respect him] he, indeed, is greater than the former [who sacrifices for a hundred years].

यो च वस्ससतं जन्तु अग्गिं परिचरे वने।
एकञ्च भावितत्तानं मुहुत्तमपि पूजये।
सा येव पूजना सेय्यो यं चे वस्ससतं हुतं।। (107)

यदि (कोई) मनुष्य किसी वन में एक सौ वर्ष तक अग्नि की पूजा करे, और (कोई) दूसरा व्यक्ति किसी सद्पुरुष-ज्ञानवान की क्षणभर के लिए पूजा करे (अर्थात उसका सम्मान करे), तो वह पहले मनुष्य से श्रेष्ठ है।

If a man worships fire [***Agni***] for a hundred years in the forest, and the other pays homage to a man of true knowledge for a moment, and respect him, he, indeed, is greater than the former [who worships ***Agni*** for a hundred year].

यं किंचि यिट्ठं च हुतं च लोके, संवच्छरं यजेथ पुञ्ञपेक्खो।
सब्बम्पि तं न चतुभागमेति, अभिवादना उज्जुगतेसु सेय्यो।।
(108)

यदि कोई व्यक्ति पुण्य के लिए एक वर्ष तक यज्ञ करे, तो ऐसा करना किसी सद्पुरुष-ज्ञानवान के लिए किए गए सम्मान के चौथे भाग के बराबर भी नहीं है।

If someone sacrifices for a year in order to gain merit, it is not worth a quarter to honour*shown to a righteous [or a man of true knowledge].

अभिवादनसीलस्स निच्चं वद्धापचायिनो।
चत्तारो धम्मा वड्ढन्ति आयु वण्णो सुखं बलं।। (109)

सदैव अपने से बड़ों का सम्मान करने वाले अभिवादनशील पुरुष में आयु, सुख एवं बल की वृद्धि होती है।

One who always shows reverence towards the aged, four things** increase in him.

---

* Reverence.

** Life, beauty, happiness or prosperity and strength.

यो च वस्ससतं जीवे दुस्सीलो असमाहितो।
एकाहं जीवितं सेय्यो सीलवन्तस्स झायिनो।। (110)

चंचल और शील से रहित एक सौ वर्ष के पुरुष से शीलमय और चिन्तन करने वाले पुरुष का (मात्र) एक दिन का जीवन (भी) श्रेष्ठ है।

One, who leaves a hundred years, is unrestrained and without character, the life of [only] a day is [far] better of man of virtue and thought [than the former who is unrestrained and characterless].

यो च वस्ससतं जीवे दुप्पञ्ञो असमाहितो।
एकाहं जीवितं सेय्यो पञ्ञावन्तस्स झायिनो।। (111)

अनियंत्रित एवं दुष्प्रज्ञ एक सौ वर्षीय पुरुष की अपेक्षा प्रज्ञामय तथा ध्यानी पुरुष का एक दिन का जीवन (भी) श्रेष्ठ है।

The life of a day is [far] better of that [man] who is wise and thoughtful, than a man who lives a hundred years, but is ignorant and unrestrained.

यो च वस्ससतं जीवे कुसीतो हीनवीरियो।
एकाहं जीवितं सेय्यो वीरियमारभतो दल्हं।। (112)

निष्क्रिय एवं आलस्यमय जीवन वाले एक सौ वर्षीय व्यक्ति की अपेक्षा सक्रिय-उद्यमी व्यक्ति का (मात्र) एक दिन का जीवन (भी) श्रेष्ठ है।

The life of a day is [far] better of that [man] who is active and endeavourers, than a man who lives a hundred years, but is inactive and idle.

यो च वस्ससतं जीवे अपस्सं उदयब्बयं।
एकाहं जीवितं सेय्यो पस्सतो उदयब्बयं।। (113)

सांसारिक पदार्थों के जन्म और उनके विनाश को न देख पाने वाले एक सौ वर्षीय व्यक्ति की अपेक्षा उन्हें देख सकने वाले पुरुष का एक दिन का जीवन भी श्रेष्ठ है।

The life of a day is [far] better of that [man] who sees beginning and end of [worldly] matters, than a man who lives a hundred years as an ignorant.

यो च वस्ससतं जीवे अपस्सं अमतं पदं।
एकाहं जीवितं सेय्यो पस्सतो अमतं पदं।। (114)

अमृत पद-निर्वाण—को न देख सकने वाले (किसी) एक सौ वर्षीय व्यक्ति के जीवन से उस (अमृत पद को) देखने वाले व्यक्ति का (मात्र) एक दिन का जीवन (भी) श्रेष्ठ है।

The life of a day is [far] better of that [man] who sees the immortal place, ***Nirvana,*** than a man who lives a hundred years, but unable to see that place, and is surrounded by sorrows.

यो च वस्ससतं जीवे अपस्सं धम्ममुत्तमं।
एकाहं जीवितं सेय्यो पस्सतो धम्ममुत्तमं।। (115)

उत्तम धर्म को न देख सकने वाले (किसी) एक सौ वर्षीय व्यक्ति की अपेक्षा उस (उत्तम धर्म) को देखने वाले व्यक्ति का (मात्र) एक दिवसीय जीवन (भी) श्रेष्ठ है।

The life of a day is [far] better of that [man] who sees the highest ***Dharma***, than a man who lives a hundred years without following that [highest] ***Dharma***.

****

अध्याय / Chapter
9

पापवग्गो/The Sin

अभित्थरेथ कल्याणे पापा चितं निवारये।
दन्धं हि करोतो पुञ्ञं पापस्मिं रमते मना।। (116)

शुभ कर्म करने में शीघ्रता दिखाएँ और मन को पाप-मुक्त करें; पुण्य कर्मों में देरी करने वाले का मन विचलित हो जाता है, और (वह) पापों में लग जाता है।

Be hastening towards the good [deed] and make the mind free from evil; one that does not move towards the good [deed] hastily, his mind diverts, and [that] indulges in evils.

पापञ्चे पुरिसो कयिरा न तं कयिरा पुनप्पुनं।
न तम्हि छन्दं कयिराथ दुक्खो पापस्स उच्चयो।। (117)

एक बार पाप कर्म करने के बाद मनुष्य को चाहिए कि वह बार-बार (पाप कर्म) न करे; उसे पाप (कर्मों) में संलग्न नहीं होना चाहिए, क्योंकि पाप का संचय दुख का कारण होता है।

A man must not commit sin [time and] again, he must not indulge in evil [deeds], because the assembly of sins is the cause of sorrow.

पुञ्ञञ्चे पुरिसो कयिरा कयिराथेनं पुनप्पुनं
तम्हि छन्दं कयिराथ सुखो पुञ्ञस्य उच्चयो।। (118)

व्यक्ति पुण्य-कर्म करे और बारम्बार (उन्हें) करता (ही) रहे; वह पुण्य-कर्मों में संलग्न रहे, क्योंकि पुण्य का संचय सुखकारक होता है।

A man must do the good [time and again], he must indulge in the good [deeds], because the assembly of good [deeds] is the abode of happiness.

पापोपि पस्सति भद्रं याव पापं न पच्चति।
यदा च पच्चति पापं अथ पापानि पस्सति।। (119)

जब तक पाप का फल नहीं मिलता, तब तक पापी को वह अच्छा दीख पड़ता है, लेकिन जैसे ही (पाप का फल) मिलता है, वह बुरा दिखाई देने लगता है।

An evil-doer sees pleasure [in sin], as long as his evil [deed] does not bear [its] fruit, but when it bears fruit, the evil-doer sees it malevolently.

भद्रोपि पस्सति पापं याव भद्रं न पच्चति।
यदा च पच्चति भद्रं अथ भद्रानि पस्सति।। (120)

श्रेष्ठ पुरुष भी तब तक पुण्य को अच्छी तरह नहीं समझता, तब तक उस (पुण्य) का फल नहीं मिल जाता है; किन्तु जब फल मिल जाता है, तब पुण्य श्रेष्ठ दिखाई देने लगता है।

A good man also does not understand what is [the real] pleasure, as long as his good [deed] does not bear fruit, but when his good [deed] bears fruit, the good is seen by him very well.

मावमञ्ञेथ पापस्स न मन्तं आगमिस्सति।
उदबिन्दुनिपातेन उदकुम्भोपि पूरति।
बालो पूरति पापस्स थोकथोकम्पि आचिनं।। (121)

'पाप मेरे निकट नहीं आएगा', ऐसा मानकर उसके प्रति उदासीन नहीं रहना चाहिए। जिस प्रकार बूँद-बूँद पानी से घड़ा भर जाता है, उसी प्रकार अज्ञानी पापों को एकत्रित कर लेता है।

'Evil will not come near me', thinking so, a man should not take it lightly. As a water-pot is filled by the falling of water-drops, a sinner becomes full of sin, if he accumulates it little by little.

मावमञ्ञेथ पुञ्ञस्स न मन्तं आगमिस्सति।
उदबिन्दुनिपातेन उदकुम्भोपि पूरति।
धीरो पूरति पुञ्ञस्स थोकथोकम्पि आचिनं।। (122)

'पुण्य मेरे समीप नहीं आएगा', ऐसा मानकर उसके प्रति उदासीन नहीं रहना चाहिए। जिस प्रकार बूँद-बूँद पानी से घड़ा भर जाता है, उसी प्रकार (धीर-धीरे) संचय करके धीर (पुरुष) पुण्य एकत्रित कर लेता है।

'Good will not come near me', also thinking so, a man should not take it lightly. A water-pot is filled by the falling of water-drops, a wise becomes full of good, if he accumulates it little by little.

वाणिजो'व भयं मग्गं अप्पसथ्थो महद्धनो।
विसं जीवितुकामो'व पापानि परिवज्जये।। (123)

जिस प्रकार (वह) व्यापारी, जिसके पास धन अधिक होता है और साथी कम, भयावह मार्ग का त्याग कर देता है, अथवा जिस प्रकार जीवन की इच्छा रखने वाला विष का त्याग कर देता है, उसी प्रकार बुद्धिमान पुरुष को (यह) चाहिए कि वह पापों का त्याग कर दे।

A wise [must] give up [all] evil deeds as a merchant, who carries a lot of wealth, but has a few companions, avoids a dangerous road, or as a man who loves life avoids poison.

पाणिम्हि चे वणो नास्स हरेय्य पाणिना विसं।
नाब्बणं विसमन्वेति नत्थि पापं अकुब्बतो।। (124)

हाथ में चोट (का घाव) न हो, तो विष उसके माध्यम से काया में प्रवेश नहीं कर सकता। उसी प्रकार जो पाप में लिप्त नहीं होता, वह पापों से प्रभावित (भी) नहीं होता।

As poison does not affect the body through the hand of that [man] who has no wound on his hand, the evil cannot affect the man who does not commit evil.

यो अप्पदुट्ठस्स नरस्स दुस्सति, सुद्धस्स पोसस्स अनङ्गणस्स।
तमेव बालं पच्चेति पापं, सुखुमो रजो पटिवातं'व खित्तो।। (125)

किसी निर्दोष, निष्पाप और निर्विकार व्यक्ति को दोष लगाने वाले मूर्ख को स्वयं (ही) उसका उसी प्रकार परिणाम भुगतना पड़ता है, जैसे कि

वायु के विपरीत फेंकी गई धूलि लौटकर (उसी) फेंकने वाले पर आ पड़ा करती है।

As light dust thrown up against the [flow of] wind, falls back upon thrower himself, the evil falls back upon that unwise who offend an innocent, harmless and virtuous man.

गब्भमेके उप्पज्जन्ति निरयं पापकम्मिनो।
सग्गं सुगतिनो यन्ति परिनिब्बन्ति अनासवा।। (126)

कुछ गर्भ में (पुनः) उत्पन्न होते है; पाप कर्मों में लिप्त रहने वालों को नरक में जाना पड़ता है। सुसंगतिकर्ता स्वर्ग में जाते हैं, जबकि इच्छाओं से रहित (एवं संसारिक सुखों से विमुखजन) परिनिर्वाण को प्राप्त होते हैं।

Those who are [completely] free from all [attachments and] worldly desires, they attain the highest ***[Nirvana]***; those who stay in the company of ***Sadhus****, they go to heaven, while those indulge in evil, they go to hell.

न अन्तलिक्खे न समुद्दमज्झे न पब्बतानं विवरं पविस्स।
न विज्जती सो जगतिप्पदेसो यत्थट्ठितो मुञ्चेय्य पापकम्मा।।
(127)

न तो अम्बर में और न ही समुद्र (के गर्भ) में, न तो पवर्त शिखर पर और न ही (संसार में) किसी (अन्य) स्थान पर, मनुष्य पाप-कर्मों के फल से बच सकता है।

* The righteous one.

Neither in the sky, nor in the midst of the sea, nor on the peak of mountain, and nor in any [other] pace in the [whole] world, a man can be saved from the consequences of [his] evil-deed.

न अन्तलिक्खे न समुद्दमज्झे न पब्बतानं विवरं पविस्स।
न विज्जती सो जगतिप्पदेसो यत्थट्ठितं न प्पसहेय्य मच्चू।।
(128)

न (तो) अम्बर में, न (ही) समुद्र (के गर्भ) में, न पर्वत शिखर पर और न ही (संसार में) किसी (अन्य) स्थान पर मनुष्य मृत्यु से बच सकता है।

Neither in the sky, nor in the midst of the sea, nor on the peak of a mountain, and nor in any [other] place in the [whole] world, a man can overcome of [reality of] death.

****

अध्याय / Chapter
10

दण्डवग्गो/The Punishment

सब्बे तसन्ति दण्डस्स सब्बे भायन्ति मच्चुनो।
अत्तानं उपमं कत्वा न हनेय्य न घातये।। (129)

दण्ड से सभी डरते हैं, मृत्यु से सभी भयभीत होते हैं; सभी को (इसीलिए) अपने समान समझकर न (तो) किसी को मारें, तथा न (ही) मारने की इच्छा करें।

All quiver at punishment, all shudder death; so, considering all equal [to him], a man should not kill [anyone], nor should he has a desire to do so.

सब्बे तसन्ति दण्डस्स सब्बेसं जीवितं पियं।
अत्तानं उपमं कत्वा न हनेय्य न घातये।। (130)

सभी दण्ड से डरते हैं, सभी जीवन से प्रेम करते हैं; सभी को (इसीलिए) अपने समान समझकर न (तो) किसी को मारें तथा न (ही) मारने की इच्छा करें।

All are afraid of punishment, and all love life; so, considering all equal [to him], a man should not take life of anyone, nor should he has a desire to do so.

सुखकामानि भूतानि यो दण्डेन विहिंसति।
अत्तनो सुखमेसानो पेच्च सो न लभते सुखं।। (131)

अपने सुख के लिए, जो (समान रूप में) सुख चाहने वाले (दूसरे) प्राणियों को डंडे मारता है, वह मृत्यु के बाद भी सुख प्राप्त नहीं करता।

One who, for the sake of his own pleasure, punishes other beings [who too long for their joys], he does not find happiness [even] after death.

सुखकामानि भूतानि यो दण्डेन न हिंसति।
अत्तनो सुखमेसानो पेच्च सो लभते सुखं।। (132)

जो अपने सुख के लिए, (समान रूप में) सुख चाहने वाले (अन्य) प्राणियों को नहीं मारता, वह मरकर (भी) सुख पाता है।

One who, for his own pleasures, does not punish other beings [who too long for their joy], he [definitely] finds happiness after death.

मा वोच फरुसं कञ्चि वुत्ता पटिवदेय्यु तं।
दुक्खा हि सारम्भकथा पटिदण्डा फुसेय्यु तं।। (133)

कठोर वचन न बोलो, अन्यथा अन्य भी तुम्हारे साथ वैसा ही करेंगे; बुरे वचन दुखदायी होते हैं, जिनके प्रतिफल में दण्ड मिलेगा।

Do not speak harshly to anybody, otherwise other will also follow you [in the same manner]; ugly words cause pain and resultant in punishment.

स चे नेरेसि अत्तानं कंसो उपहतो यथा।
एस पत्तोसि निब्बाणं सारम्भो ते न विज्जति।। (134)

टूटे हुए काँसे की भाँति अपने को निःशब्द बनाने वाला (वास्तव में) निर्वाण पा लेने (वाले) के समान है; उसके लिए हिंसा अथवा कलह शेष नहीं रहती।

One who makes himself [completely] quiet, like a shattered plate [of bronze], he reaches the highest stage [***Nirvana***]; anger, strife or violence are not known to him.

यथा दण्डेन गोपालो गावो पाचेति गोचरं।
एवं जरा च मच्चू च आयुं पाचेन्ति पाणिनं।। (135)

जो निर्वाण से विमुख होते हैं, उन्हें वृद्धावस्था एवं मृत्यु उसी भाँति ले जाती हैं जैसे कि (कोई) ग्वाला (अपनी) लाठी के बल पर गायों को चरागाह तक ले जाता है।

Who are ignorant of the highest [***Nirvana***], old age and death drive their life as a cowherd, with [his] staff, drives cow into grazing land!

अथ पापानि कम्मानि करं बालो न बुज्झति।
सेहि कम्मेहि दुम्मेधो आग्गिदड्डो'व तप्पति।। (136)

मूर्ख व्यक्ति पाप-कर्मों में लिप्त होते समय विचार नहीं करता, लेकिन वही (व्यक्ति) उन्हीं पाप-कर्मों के कारण अग्नि में जलते हुए के समान तपता है।

A foolishman does not think when he indulges in evil, but the same [man] burn by his [own evil] deeds, as if burnt by fire.

यो दण्डेन अदण्डेसु अप्पदुट्ठेसु दुस्सति।
दसन्नमञ्ञतरं ठानं खिप्पमेव निगच्छति।। (137)

वह जो भोले-भालों को दण्ड देता है, अथवा (जो) निर्दोषों को दोष लगाता है, उसे शीघ्र ही (इन) दस में से कोई एक फल भोगना पड़ता है:

One who inflicts pain on innocents, or causes harm to harmless, he soon comes to one of these ten states:

वेदनं फरुसं जानिं सरीरस्स च भेदनं।
गरुकं वापि आबाधं चित्तक्खेपं व पापुणे।। (138)

उसे कठोर तन-वेदना (पीड़ा) होगी, अंग-भंग (की) हानि की स्थिति अथवा भयंकर बीमारी होगी, अथवा उसे चित्त-विक्षेप होगा।

He will suffer badly, loss to body; he will have heavy affliction, or loss of mind.

राजतो वा उपसग्गं अब्भक्खानं व दारुणं।
परिक्खयं व ञातीनं भोगानं व पभङ्गुणं।। (139)
अथवस्स अगारानि अग्गी डहति पावको।
कायस्स भेदा दुप्पञ्ञो निरयं सोपपज्जति।। (140)

उसे राजदण्ड (का भागी होना) होगा, (वह) दारुण निन्दा, अथवा बन्धु-बांधवों के विनाश की स्थिति से गुजरेगा; भोगों के क्षय, अग्नि द्वारा घर के विनाश और मृत्योपरान्त, (वह) मूर्ख नरक का भागी होगा।

He will be a subject of punishment at the king's order, or a fearful accusation, or loss of relatives [and friends], or destruction of treasures; his house will burn, and after death that fool will go to hell.

न नग्गचरिया न जटा न पंङ्का नानासका थण्डिलसायिका वा।
रजो व जल्लं उक्कुटिकप्पधानं सोधेन्ति मच्चं अवितिण्णकङ्ख।। (141)

जिसने अपनी इच्छाएँ अथवा (अपने) सन्देह समाप्त नहीं किए हैं, वह नग्न रहने, जटाएँ बढ़ाने, भभूत लगाने, उपवास करने, कठोर भूमि पर सोने, भस्म मलने और (बिना क्रिया) बैठने आदि (किसी भी ढंग) से शुद्ध नहीं हो सकता।

One who has not overcome of [worldly] desires, he cannot become pure by [mere] living nakedness, or by planted hair, or by dirt; also he cannot become pure by observing fast, or by lying on the Earth, rubbing with dust or sitting inactively.

अलङ्कतो चेपि समं चरेय्य सन्तो दन्तो नियतो ब्रह्मचारी।
संब्बेसु भूतेसु निधाय दण्डं सो ब्राह्मणो सो समणो स भिक्खु।। (142)

व्यक्ति यदि वस्त्र-आभूषण से अलंकृत होने के साथ ही, शान्त, स्थिर, नियम में तत्पर ब्रह्मचारी और प्राणिमात्र के प्रति अहिंसक है, तो वही ब्राह्मण है, तथा (वही) श्रमण एवं भिक्षुक है।

He, indeed, is a [***Brahmina***] wise, a [***Shramana***] monk and a ***[Bhikshuka***] holy man, who, though dressed in fine apparel, and ornamented, is quiet, subdued, restrained, castle and non-violent.

हिरीनिसेधो पुरिसो कोचि लोकस्मिं विज्जति।
यो निन्दं अप्पबोधति अस्सो भद्रो कसामिव।। (143)

कुछ पुरुष संसार में ऐसे (भी) होते हैं, जो कोड़े सहन न करने वाले उत्तम अश्व की भाँति, निन्दा सहन न करने के कारण (ही) निन्दनीय कर्मों में लिप्त नहीं होते।

There, indeed, are some in this world who, by shame, do not indulge in blame-worthy acts, as a noble horse does not bear the whip.

अस्सो यथा भद्रो कसानिविट्ठो आतापिनो संवेगिनो भवाथ।
सद्धाय सीलेन च वीरियेन च समाधिना धम्मविनिच्छयेन च।
सम्पन्नविज्जाचरणा पतिस्सता पहस्सथ दुक्खमिदं अनप्पकं।। (144)

उस श्रेष्ठ प्रकृति के अश्व की (ही) भाँति, जो चाबुक पड़ते ही गतिवान हो जाता है, कोई उद्यमकर्ता और लज्जाशील पुरुष श्रद्धा, शील, वीर्य-युक्त होकर, समाधिस्थ बनकर, तथा विद्या एवं आचरण से सम्पन्न होकर, बड़े-से-बड़े दुख को (भी) पार कर सकता है।

As a noble horse, when touched by the whip, becomes dynamic, a modest, active and eager [person], by faith, virtue, energy, discernment and meditation, and [by] possessing knowledge and good conduct can over come all sorrows.

उदकं हि नयन्ति नेत्तिका उसुकारा नमयन्ति तेजनं।
दारुं नमयन्ति तच्छका अत्तानं दमयन्ति सुब्बता।। (145)

(जैसा कि) नहर बनाने वाले पानी को दिशा देते हैं, किनारा बाँधने वाले अपना कार्य करते हैं, एवं बढ़ई लकड़ी को स्वरूप देता है, उसी प्रकार सुव्रतधारी अपने चित्त का दमन (किया) करते हैं।

As canal-makers lead the water and setter set [its] sides, and a carpenter gives proper shape to wood, a wise and virtuous control their ***[Chitta]*** mind.

****

अध्याय / Chapter

11

जरावग्गो/The Old Age

को नु हासो किमानन्दो निच्चं पज्जलिते सति।
अन्धकारेन ओनद्धा पदीपं न गवेस्सथ।। (146)

यह हँसी क्यों? आनन्द क्यों? जब सब कुछ जल रहा है। चहुँओर अन्धकार से घिरे तो (हुए) हो, तब प्रज्ञा रूपी दीपक को क्यों नहीं ढूढ़ते हो?

Why is this laughter? Why is this joy? When everything [in the world] is burning, do you not look for [***Pragya***] a light when [you are] surrounded by darkness?

पस्स चित्तकतं बिम्बं अरुकायं समुस्सितं।
आतुरं बहुसङ्कप्पं यस्स नत्थि धुवं ठिति।। (147)

इस सँवरी हुई काया को देखो, जो (कि) घायल है; (वह) फूली है, दुखी है, विभिन्न इच्छाओं, संकल्पों और चिन्ताओं से घिरी हुई है, और डाँवाँडोल स्थिति में है।

Look at this dressed-up body that is wounded and fat, sick and full of desires and schemes, and perplexed, and which has no strength!

परिजिण्णमिदं रूपं रोगनिड्डं पभङ्गुरं।
भिज्जती पूतिसन्देहो मरणन्तं हि जीवितं।। (148)

यह काया रोगों से ग्रस्त है, क्षणभंगुर है; यह गलकर नष्ट होती है, जीवन का (निश्चित) अन्त मृत्यु ही है।

This body is full of sickness, also this is ephemeral and frail; it breaks to pieces; life, indeed, ends in death.

यानि'मानि अपत्थानि अलाबूनेव सारदे।
कापोतकानि अट्ठीनि तानि दिस्वान का रति।। (149)

सर्दियों में बेकार हो गई लौकी, जो फेंक दी जाती है, अथवा (किसी) कपोत की भाँति श्वेत हो गई हड्डियों को देखकर (भी) इस (नाशवान) काया के प्रति प्रेम! इसमें कुछ भी आनन्दमय नहीं है।

After looking at grey bones, or a gourd, thrown away in the autumn, what pleasure is there left in [this ephemeral] life! There is no bliss in this body.

अट्ठीनं नगरं कतं मंसलोहितलेपनं।
यत्थ जरा च मच्चू च मानो मक्खो च ओहितो।। (150)

यह काया हड्डियों का एक किला है, मांस और रक्त का इस पर लेपन हुआ है, इसमें वृद्धावस्था, मृत्यु, अभिमान-ईर्ष्या बसती है।

This body is a castle made of bones and covered with flesh and blood, and there dwell in it old age, death, pride and jealousy.

जीरन्ति वे राजरथा सुचित्ता अथो सरीरम्पि जरं उपेति।
सतं च धम्मो न जरं उपेति सन्तो हवे सब्भि पवेदयन्ति।। (151)

यह काया उसी प्रकार जीर्ण हो जाती है, जैसे (किसी) राजा का रथ (समय चक्र में) जीर्ण हो जाता है; मात्र सत्पुरुषों का धर्म (उनके सद्गुण) ही जीर्ण नहीं होते; सत्पुरुषों के सम्बन्ध में ऐसा ही कहा जाता है।

This body worms out as the chariot of [a] king destroyed; only [***Dharma***] the virtue of good people do not come to an end. Thus, do the good, and say to the good.

अप्पस्सुतायं पुरिसो बलिवद्दो'व जीरति।
मंसानि तस्स वड्ढन्ति पञ्ञा तस्स न वड्ढति।। (152)

कम बुद्धि वाला (उस) बैल की भाँति होता है, जिसका मांस तो (बहुत) बढ़ जाता है, लेकिन उसकी बुद्धि में वृद्धि नहीं होती।

A slow witted [man] grows like that ox whose flesh grows, but his knowledge does not grow.

अनेकजातिसंसारं सन्धाविस्सं अनिब्बिसं।
गहकारकं गवेसन्तो दुक्खा जाति पुनप्पुनं।। (153)

इस काया रूपी घर के बनाने वाले को ढूँढते हुए, मैं कई जन्मों तक इस मृत्युलोक में दौड़ता रहा और बारम्बार जन्म-मरण के चक्र में पड़ता रहा।

Searching for the maker of this body [that is like a house]; I have run through a course of [so] many births.

गहकारक! दिट्ठोसि पुन गेहं न काहसि।
सब्बा ते फासुका भग्गा गहकूटं विसङ्खितं।
विसङ्खारगतं चित्तं तण्हाननं खयमज्झगा।। (154)

अरे तृष्णामय भवन (के) निर्माता! मैने तुझे देख (व जान) लिया है; तू अब (पुनः) भवन-निर्माण नहीं कर पाएगा। तेरी समस्त कड़िया टूट चुकी हैं, भवन-शिखर दुर्बल हो चुका है; चित्त इच्छाओं से रहित हो गया है, और (अब) तृष्णाएँ मिट चुकी हैं।

Oh, the maker of [this] tabernacle [of desires]! I have seen you, [now] you are known to me; you will not be able to make up this tabernacle again, all your links are broken, the tower of building is sundered, the mind is free from desires [and ***Trishna***], and [I] have proceeded to the eternal [***Nirvana***]

अचरित्वा ब्रह्मचरियं अलद्धा योब्बने धनं।
जिण्णकोञ्चा'व खायन्ति खीणमच्छे'व पल्लले।। (155)

जिन व्यक्तियों ने ब्रह्मचर्य (व्रत का) पालन नहीं किया है, और अपनी युवावस्था में (उसका) अर्जन नहीं किया है, वे वृद्धावस्था में (किसी) मछली-रहित तालाब में क्रोञ्च पक्षी की भाँति चिन्तामय होते हैं।

One, who has not observed discipline [***Brahmacharya***], and has not gained [this] wealth [of ***Brahmacharya***] in his youth, he [in his old age] causes concern like herons in a lake without fish.

अचरित्वा ब्रह्मचरियं अलद्धा योब्बणे धनं।
सेन्ति चापातिखित्ता'व पुराणानि अनुत्थुनं।। (156)

(युवावस्था में) ब्रह्मचर्य का पालन न करने वाले और धनार्जन न करने वाले, वृद्धावस्था में, छोड़े गए तीर की भाँति, अपनी पुरानी बातों को स्मरण करके पश्चाताप करते हैं।

One, who has not observed discipline [***Brahmacharya***], and has not gain [this] wealth [of ***Brahmacharya***] in his youth, he [later in his old age] regrets like [a] released arrow.

****

अध्याय / Chapter
12

अत्तवग्गो/The Self

अत्तानं चे पियं जञ्ञा रक्खेय्य तं सुरक्खितं।

तिण्णामञ्ञतरं यामं पटिजग्गेय्य पण्डितो।। (157)

यदि (मनुष्य को) अपने (आप) से प्रेम है, तो उसे (अपने को) सुरक्षित रखना (ही) चाहिए; रात्रि के तीन प्रहरों में से (कम से कम) एक प्रहर में ज्ञानी पुरुष को अवश्य ही जागरण करना चाहिए।

A man who hold himself dear, must watch himself carefully, out of the three watches [of a night], he must, at least, watchful during one watch.

अत्तानमेव पठमं पटिरूपे निवेसये।

अथञ्ञमनुसासेय्य न किलिस्सेय्य पण्डितो।। (158)

अपने आप को (ही) पहले सुकर्म में लिप्त करें; इसके बाद ही दूसरे (किसी) को उपदेश दें; ज्ञानीजन-बुद्धिमान के ऐसा करने से (उसे) दुख नहीं होगा।

Let indulge himself first to what is good [act], and then let him teach [the same] others; doing this, a wise and intelligent will not suffer.

अत्तानञ्चे तथा कयिरा यथञ्ञमनुसासति।

सुदन्तो वत दम्मेथ अत्ता हि किर दुद्दमो।। (159)

जो उपदेश दूसरों को देना हो, पहले स्वयं को उसके अनुकूल बनाना चाहिए। दूसरों को कहने से पूर्व (स्वयं) अपना दमन करना चाहिए। वास्तव में (तो) स्वयं अपना दमन करना (ही) कठिन (कार्य) है।

Make him proper first to what you want to teach others; control yourself first before directing other [to do so]. In fact, one's own self subdue is difficult.

अत्ता हि अत्तनो नाथो को हि नाथो परो सिया।
अत्तना'व सुदन्तेन नाथं लभति दुल्लभं।। (160)

स्वयं मनुष्य ही अपना स्वामी है, कोई (अन्य) उसका स्वामी नहीं हो सकता। पूर्णतः अपना दमन करने के बाद (ही) दुर्लभ स्वामित्व की प्राप्ति होती है।

A human being himself is the lord of self and no one else can be the lord. By subduing himself properly, he finds such a lordship as few can find.

अत्तना'व कतं पापं अत्तजं अत्तसम्भवं।
अभिमन्थति दुम्मेधं वजिरं'व स्ममयं मणिं।। (161)

स्वयं के द्वारा किया गया पाप, (अथवा) स्वः उत्पन्न पाप दुर्बद्धि-मूर्ख व्यक्ति को उसी प्रकार कष्ट देते हैं, जैसे कि पाषाणमय वज्रमणि की चोट।

The evil committed by one [own] self, or [evil] self-begotten, hurts the foolish, as a diamond breaks a precious stone.

यस्सच्चन्तदुस्सील्यं मालुवा सालमिवोततं।
करोति सो तथत्तानं यथा नं इच्छति दिसो।। (162)

दुराचारी, अपने शत्रुओं की इच्छा के अनुसार, (अपने को) उसी प्रकार गिरा लेता है, जैसे मालुवा की बेल वर्षा ऋतु में भारी होकर साखू के वृक्ष को गिरा देती है।

A wicked [man] brings himself down to that level where his enemies wish him to be, as a creeper [plant] does with the tree that it surrounds.

सुकरानि असाधूनि अत्तनो अहितानि च।
यं वे हितञ्च साधुञ्च तं वे परमदुक्करं।। (163)

बुरे कर्मों और अपने लिए हानिकारक कार्यों को करना (तो) सरल है, लेकिन सुकर्मों और लाभकारी कार्यों को करना (अत्यन्त ही) कठिन होता है।

Bad actions, harmful to us, are easy to do; but what are the good and beneficial, it is difficult to do them.

यो सासनं अरहतं अरियानं धम्मजीविनं।
पटिक्कोसति दुम्मेधो दिट्ठिं निस्साय पापिकं।
फलानि कट्ठकस्सेव अत्तघञ्ञाय फल्लति।। (164)

(वह) बुद्धिहीन (व्यक्ति), जो धर्मपरायण (और) श्रेष्ठ अर्हतों के धर्म की, दोष निकालते हुए, (संकीर्ण) मनोवृत्ति से निन्दा करता है, वह बाँस के फल की भाँति स्वयं अपने अन्त के लिए (ही) पुष्पित हुआ करता है।

If a foolish, who is of narrow state of mind also, reproaches the ***Dharma*** of the [***Arahats***] venerable or religious [virtuous people], he bears fruit of his own devastation, like the fruits of bamboo [tree].

अत्तना'व कतं पापं अत्तना संकिलिस्सति।
अत्तना अकतं पापं अत्तना'व विसुज्झति।
सुद्धि असुद्धि पच्चतं नाञ्ञो अञ्ञं विसोधये।। (165)

स्वयं अपना ही पाप अपने को अस्वच्छ करता है, (और स्वयं ही दुख पाता है), स्वयं ही, पाप को छोड़कर, स्वच्छ बना जा सकता है।[1] इस विषय में प्रत्येक स्वायत्त है; एक व्यक्ति दूसरे को स्वच्छ नहीं कर सकता।

One self's own evil makes him impure [and one self's own deeds are the cause of his sorrows]; one who leaves evil, he himself becomes pure. Each and everyone are independent, and no one can purify the other.

अत्तदत्थं परत्थेन बहुनापि न हापये।
अत्तदत्थ मभिञ्ञाय सदत्थपसुतो सिया।। (166)

किसी दूसरे के हित के लिए अपना अहित नहीं करना चाहिए।[2] स्वयं अपने हित को सुरक्षित करते हुए सद्-हित में रहना चाहिए।

Do not forget [to] him for the sake of others', however great [they are]; care for self first and then adhere to the welfare of all.

****

---

1. अस्वच्छता अथवा स्वच्छता (सबकी) अपनी-अपनी पृथक होती हैं।
2. अपना कर्तव्य नहीं भूल जाना चाहिए।

अध्याय / Chapter 13

लोकवग्गो/The World

हीनं धम्मं न सेवेय्य, पमादेन न संवसे।
मिच्छादिट्ठिं न सेवेय्य न सिया लोकवड्ढनो।। (167)

हीन-धर्म (अधर्म) पर न चलें; अर्कमण्यता और मिथ्या धारणा का (सर्वथा) त्याग करके, जन्म और मरण के बढ़ते (लोक) क्रम को रोकना चाहिए।

Do not follow the [***Adharma***] evil; [by] leaving inactiveness and false notions, do not become a friend of [this increasing] world, if you desire the highest [***Nirvana***].

उत्तिट्ठे नप्पमज्जेय्य धम्मं सुचरितं चरे।
धम्मचारी सुखं सेति अस्मिं लोके परम्हि च।। (168)

अपने (आप) को उठाओ, आलस्य त्यागकर सद्धर्म का अनुसरण करो। सद्धर्मी इस लोक में और परलोक में (भी), दोनों स्थानों पर, सुख पाता है।

Be active and follow ***Dharma***, and thus rouse yourself; one who follows the true ***Dharma***, he rests in the bliss in this world and in the next.

धम्मं चरे सुचरितं न तं दुच्चरितं चरे।
धम्मचारी सुखं सेति अस्मिं लोके परम्हि च।। (169)

दुष्कर्मों से बचते हुए सद्धर्म (के मार्ग) पर चलो; सद्धर्मी व्यक्ति को दोनों, लोक और परलोक, में सुख प्राप्त होता है।

Do not indulge in sinful deeds and follow the true ***Dharma***; one who is virtuous, he rests in bliss in this world and in the next.

यथा बुब्बुलकं पस्से यथा पस्से मरीचिकं।
एवं लोकं अवेक्खन्तं मच्चुराजा न पस्सति।। (170)

जो व्यक्ति इस (मृत्यु) लोक को बुलबुले तथा मृग-मरीचिका की ही भाँति देखता है, यमराज उसकी ओर आँख उठाकर भी नहीं देखता।

One who looks upon [this] world as [it is] a bubble, or as [it is] a mirage, even the king of death [***Yamaraja***] does not treat him with disdain.

एथ पस्सथिमं लोकं चितं राजपथूपमं।
यत्थ बाला विसीदन्ति नत्थि सङ्गो विजानतं।। (171)

इस लोक को एक राजपथ के समान देखो; बुद्धिहीन इस (संसार) पर आसक्त होते हैं, जबकि ज्ञानियों-बुद्धिमानों को (इसमें) आसक्ति नहीं होती।

Look at this world, glittering like a royal path. Those who are foolish, they have attachment in it, but the wise do not have any attachment.

यो च पुब्बे पमज्जित्वा पच्छा सो नप्पमज्जति।
सो'मं लोकं पभासेति अब्भा मुत्तो'व चन्दिमा।। (172)

पहले की गई त्रुटि में सुधार करते हुए, जो पुनः इसे नहीं दोहराता है, वह स्वच्छ (मेघरहित) आकाश के चन्द्रमा की भाँति (इस) संसार को आलोकित करता है।

One who improves himself, and does not commit a sin again, he, indeed, brightens up this world, like the moon in the clear sky.

यस्स पापं कतं कम्मं कुसलेन पिधिय्यति।
सो'मं लोकं पभासेति अब्भा मुत्तो'व चन्दिमा।। (173)

जो अपने पुण्य (कर्मों) से पाप (कर्मों) को समाप्त कर लेता है, वह स्वच्छ (मेघरहित) आकाश के चन्द्रमा की भाँति (इस) संसार को आलोकित करता है।

One who washes away his sins by good deeds, he, indeed, brightens up this world, like the moon in the clear sky.

अन्धभूतो अयं लोको तनुकेत्थ विपस्सति।
सकुन्तो जालमुत्तो'व अप्पो सग्गाय गच्छति।। (174)

यह लोक अंधकारमय है; इसे देखने वाले बहुत (ही) कम हैं। जाल से मुक्त होने वाले पक्षियों की भाँति, कुछ ही लोग स्वर्ग को जाते हैं।

This world is [dark], a few can see it; like birds freed from the net, only few go to heaven.

हंसादिच्चपथे यन्ति आकासे यान्ति इद्धिया।
नीयन्ति धीरा लोकम्हा जेत्वा मारं सवाहिणिं।। (175)

हंस आकाश में उड़ते हैं; सिद्धि के बल पर योगी (भी) आकाश में उड़ान भरते हैं। धैर्य से युक्त लोग मार पर विजय प्राप्त करते हुए (इस) लोक से निर्वाण प्राप्त करके प्रस्थान कर जाते हैं।

The swans fly in the sky; ascetics [also] fly in the sky on the strength of their knowledge, but the wise get victory over [***Mara***] tempter, and, thus, attain the highest [***Nirvana***].

एकं धम्मं अतीतस्स मुसावादिस्स जन्तुनो।
वितिण्णपरलोकस्स नत्थि पापं अकारियं।। (176)

जो धर्म की सीमा से परे जाकर (भी) असत्य बोलता है, तथा जिसे परलोक की कोई चिन्ता (ही) नहीं है, उसके लिए ऐसा कोई पाप (भी) नहीं है, जिसे वह न कर सके।

There is no sin for him, who [even] crossing all limits of common code [of ***Dharma***] tells lies, and [who] is not attentive towards [*Paraloka*] the next [world].

न वे कदरिया देवलोकं वजन्ति बाला हवे नप्पसंसन्ति दानं।
धीरो च दानं अनुमोदमानो तेनेव सो होति सुखी परत्थ।।
(177)

अनुदारों का देवलोक में स्थान नहीं होता, और बुद्धिहीन दान की प्रशंसा नहीं किया करते; धैर्य से युक्त (पुरुष) ही दान का मूल्य समझते हैं तथा उसके माध्यम से (कर्म-लीन होकर) परलोक में सुखी होते हैं।

There is no place for uncharitable in the world of gods; and fools do not praise liberality. One who possesses steadfastness, he knows the value of liberality and through it, he becomes blessed in the next [world].

पथव्या एकरज्जेन सग्गस्स गमनेन वा।
सब्बलोकाधिपच्चेन सोतापत्तिफलं वरं।। (178)

सम्पूर्ण धरा का एकमात्र स्वामी होने, समस्त लोकों का स्वामी होने या स्वर्ग जाने से भी श्रेष्ठ है, यदि पवित्र होकर निर्वाण के मार्ग पर जाया जाए।

If some one, with purity, proceeds on the pathway to liberation [***Nirvana***], it is better that of sovereignty over the Earth, or going to heaven, or becoming the lord of all worlds.

****

अध्याय / Chapter
14

बुद्धवग्गो/The Buddha

यस्स जितं नावजीयति जितमस्स नो याति कोचि लोके।
तं बुद्धमनन्तगोचरं अपदं केन पदेन नेस्सथ ? (179)

जिसकी जीत पराजय में परिवर्तित नहीं हो सकती, जिसके द्वारा जीते गए राग-द्वेष व मोह (आदि) पुनः (वापस) नहीं लौटते, उस अनन्त को देखने वाले (और) अनन्त दृष्टि वाले स्थानविहीन बुद्ध को किस मार्ग से तुम प्राप्त करोगे?

Whose triumph cannot be conquered again, who never attracts again towards [worldly] pleasures, hatred and attachments, and by what track can you lead him [the Awakened, Omniscient, and Trackless ***Buddha***]!

यस्स जालिनी विसत्तिका तण्हा नत्थि कुहिञ्चि नेतवे।
तं बुद्धमनन्तगोचरं अपदं केन पदेन नेस्स्थ ? (180)

जाल फैलाने वाली (और) विषरूपी जिसकी तृष्णा (उसे) कहीं भी ले जाने योग्य नहीं रही, उस अनन्त दृष्टि वाले स्थानविहीन बुद्ध को किस मार्ग से तुम प्राप्त करोगे?

Whom no desire with its network and poison can lead astray, by what way can you lead him [the Awakened, Omniscient, and Trackless ***Buddha***]!

ये झानपसुता धीरा नेक्खम्मूपसमे रता।
देवापि तेसं पिहयन्ति सम्बुद्धानं सतीमतं।। (181)

वे दृढ-निश्चयी-धीर, जो ध्यानी हैं, त्यागी और धैर्यवान. हैं, ऐसे स्मृतिमान बुद्धों से (तो) देवतागण भी प्रतिस्पर्धा करते हैं।

Even the gods envy him who [the ***Buddha***] is firm, determined, awakened and active; who is thoughtful, wise, and has patience, and who has given up all worldly desires.

किच्छो मनुस्सपटिलाभो किच्छं मच्चान जीवितं।
किच्छं सद्धम्मसवणं किच्छो बुद्धानं उप्पादो।। (182)

मनुष्य के रूप में जन्म की प्राप्ति, जीवन का बने रहना और सद्धर्म जानने का अवसर मिलना, तथा सद्ज्ञानी-बुद्धों का पैदा होना, (यह सब) बहुत (ही) कठिन है।

It is difficult to obtain the life as a human being, also it is difficult to maintain it [in a proper order]; difficult is the hearing of the ***Dharma***, and [very] difficult is the birth of the Awakened [***Buddha***].

सब्बपापस्स अकरणं कुसलस्स उपसम्पदा।
सचित्तपरियोदपनं एतं बुद्धान सासनं।। (183)

पापों में लिप्त न होना, पुण्यों को एकत्रित करना तथा अपने चित्त को शुद्ध बनाना, यही (तो) बुद्धों की शिक्षा[1] है।

---

1. धर्म-शिक्षा।

The ***Buddhas*** teach* not to indulge in sin, but to do what is good; and, thus, made the mind pure and clean.

खन्ती परमं तपो तितिक्खा, निब्बाणं परमं वदन्ति बुद्धा।
न हि पब्बजितो परूपघाती समणो होति परं विहेठयन्तो।। (184)

क्षमा और सहनशीलता महानतम तप हैं; बुद्धजन निर्वाण को परमपद बताते हैं। दूसरों के साथ कपट करने वाले और अन्यों को दुख पहुँचाने वाले प्रव्रज्या प्राप्त करने के बाद भी श्रमण नहीं हो सकते हैं।

Forgiveness and tolerance are the highest penance; and liberation [the ***Nirvana*** of the Self] is the highest stage, according to ***Buddha***. Who strike and insult others, they [even after joining the ***Sangha***] are not [***Shramanas***] ascetics.

अनुपवादो अनुपघातो पातिमोक्खे च संवरो।
मत्तञ्ञुता च भत्तस्मिं पन्तञ्च सायनासनं।
अधिचित्ते च आयोगो एतं बुद्धानं सासनं।। (185)

दोषारोपण-बुराई और छल-कपट न करना, स्वयं को नियम और आचरण में रखना, भोजन में संयमितता तथा सोने-बैठने में एकान्तता बनाना, एवं चित्त (मन) को योग (साधना) में लगाना, यही बुद्धों की शिक्षा है।

Buddhas teach not to blame, and no to strike others; they emphasis upon regulation and manner [in life],

* The Dharma.

moderation [in eating], and suggest to sleep and sit alone. They also teach to observe in meditation.

न कहापणवस्सेन तित्ति कामेसु विज्जति।
अप्पस्सादा दुखा कामा इति विञ्ञाय पण्डितो।। (186)

व्यक्ति की कामनाओं की पूर्ति (तो) धन की वर्षा होने पर (भी) नहीं होती; जो यह जानते हैं कि कामेच्छा अल्प स्वाद वाली तथा दुखदायी है, वे ही पण्डित हैं।

Even after showers of wealth, lusts of a man do not come to an end; but who know that desires are of short taste, and they cause pain, they, indeed, are wise.

अपि दिब्बेसु कामेसु रतिं सो नाधिगच्छति।
तण्हक्खयरतो होति सम्मासम्बुद्धसावको।। (187)

दिव्य कामनाओं एवं भोगों में भी (कोई) ज्ञानी (पुरुष) रुचि नहीं रखता है, सम्यक् संबुद्ध का अनुयायी तो तृष्णा को समूल नष्ट करने में (ही) सलंग्न रहता है।

A wise has no interest [even] in heavenly pleasures; the disciple of the Awakened [***Buddha***] always adheres to the destruction of lusts.

बहुं वे सरणं यन्ति पब्बतानि वनानि च।
आरामरुक्खचेत्यानि मनुस्सा भयतज्जिता।। (188)

व्यक्ति भय के वशीभूत होकर (ही) किसी पर्वत, वन, उपवन, पेड़ या चैत्य को देवता मानकर उसकी शरण में जाता है।

Due to fear, a man goes to a mountain, forest, garden, tree, or a group of trees, considering them as good.

नेतं खो सरणं खेमं नेतं सरणमुत्तमं।
नेतं सरणमागम्म सब्बदुक्खा पमुच्चति।। (189)

उक्त (कथित, काल्पनिक देवताओं) की शरण में जाना न तो मंगलमय है, तथा न ही उत्तम है, इनकी शरण में जाने से मनुष्य को दुख से मुक्ति नहीं मिलती।

But going in refuge [of these so called and imaginary gods] is, neither good nor welfaristic; no one can be free from grieves after having gone to the refuge [of them].

यो च बुद्धञ्च धम्मञ्च संघञ्च सरणं गतो।
चत्तारि अरियसच्चानि सम्मप्पञ्ञाय पस्सति।। (190)

बुद्ध, धर्म तथा संघ की शरण में जाने वाला व्यक्ति चारों आर्य सत्यों को प्राप्त कर लेता है।

One, who takes refuge with the ***Buddha***, the ***Dharma*** and the ***Sangha***, he clearly obtains [all] the four Noble Truths.

दुक्खं दुक्खसमुप्पादं दुक्खस्स च अतिक्कमं।
अरियञ्चट्ठङ्गिकं मग्गं दुक्खूपसमगामिनं।। (191)

चार आर्य सत्यों-दुख, कारण, निदान, उपाय-को जानने व समझने तथा अष्टांगिक मार्ग-सम्यक् दृष्टि, सम्यक् संकल्प, सम्यक् वचन, सम्यक् कर्म, सम्यक् आजीविका, सम्यक् उद्योग, सम्यक् स्मृति और सम्यक् समाधि-को अपनाने से समस्त दुखों का अन्त हो जाता है।

By knowing and understanding the four Noble Truths [sorrow, cause or source, remedy and the way of remedy], and by following the Eightfold [holy] way, a man is sure to be free from all grieves.

एतं खो सरणं खेमं एतं सरणमुत्तमं।
एतं सरणमागम्म सब्बदुक्खा पमुच्चति।। (192)

ये (बुद्ध, धर्म और संघ की) शरण उत्तम हैं, और कल्याणकारी हैं; इन शरणों में जाने से समस्त (प्रकार के) दुखों से मुक्ति मिल जाती है।

The refuge [of them] is the best and welfaristic; having gone to them, a man becomes free from all sorrows.

दुल्लभो पुरिसाजञ्ञो न सो सब्बत्थ जायति।
यत्थ सो जायति धीरो तं कुलं सुखमेधति।। (193)

धैर्यवान-उत्तम (बुद्ध) प्रत्येक स्थान पर उत्पन्न नहीं होते हैं; उनकी उत्पत्ति दुर्लभ है। जिस कुल में वे उत्पन्न होते हैं, वह (कुल) सम्पन्न होता है।

The ***Buddha***, full of patience and supernatural, is not born everywhere; his birth is not easy, but wherever he is born, that community [definitely] prospers.

सुखो बुद्धानं उप्पादो सुखा सद्धम्मदेसना।
सुखा संघस्स सामग्गी समग्गानं तपो सुखो।। (194)

बुद्ध का उत्पन्न होना, धर्म का उपदेश और संघ में सम्पूर्ण एकाग्रता सुखदायी होती है; और एकनिष्ठ होकर तप करना अत्यधिक सुखमय होता है।

Buddha's birth, teaching of the [***Dharma***] true Law, and [complete] unity in the [***Sangha***] assembly, all cause happiness; and to meditate [single-mindedly] causes more happiness.

पूजारहे पूजयतो बुद्धे यदि व सावके।
पपञ्चसमतिक्कन्ते तिण्णसोकपरिद्दवे। (195)
ते तादिसे पूजयतो निब्बुते अकुतोभये।
न सक्का पुञ्ञं संखातुं इमेत्तम्पि केनचि।। (196)

पूजनीयों का सम्मान (पूजा), बुद्धों अथवा उनके उन शिष्यों, जो पापों से ऊपर उठ गए हैं, जो दुखों के सागर को पार गए हैं तथा जिन्हें भय या शोक नहीं रह गया है, तथा जो बन्धन-मुक्त और निर्भीक हो गए हैं, का सम्मान (पूजा) करने वाले की योग्यता-श्रेष्ठता को किसी के द्वारा भी नहीं मापा जा सकता।

One, who respects those [who] deserve, who worships supernatural [***Buddhas***] or their disciples, who has overcome of [all] the evils, and, thus, has crossed the ocean of sorrows, who worships those [who are] free from all bonds, and are fearless, the merit of such a person cannot be measured by anybody.

****

अध्याय / Chapter
15

सुखवग्गो/The Happiness

सुसुखं वत! जीवाम वेरिनेसु अवेरिनो।
वेरिनेसु मनुस्सेसु विहराम अवेरिनो।। (197)

वैर रखने वालों के मध्य (भी) अवैरी होकर रहो; ऐसी अनुभूति करो कि जैसे हम सुखपूर्वक जी रहे हैं, तथा जो मनुष्य वैर रखते है, हम (तो) उनमें (भी) अवैरी बनकर विहार करते हैं।

Live happily [even] among those who hate you; feel that 'we [indeed] dwell free from hatred among those who hate us.'

सुसुखं वत! जीवाम आतुरेसु अनातुरा।
आतुरेसु मनुस्सेसु विहराम अनातुरा।। (198)

भयभीतों में निर्भीक होवो; तथा (ऐसा) अनुभव करो कि जैसे हम सूखपूर्वक जी रहे हैं; और भय से पीड़ितों के मध्य (भी) निर्भीक होकर विहार करते हैं।

Life happily [and free from fear] among those who are fearful; feel that 'we, indeed, dwell, without [any] fear among the awful.'

सुसुखं वत! जीवाम उस्सुकेसु अनुस्सुका।
उस्सुकेसु मनुस्सेसु विहराम अनुस्सुका।। (199)

आसक्तिमय मनुष्यों के मध्य (भी) अनासक्त होकर रहो; ऐसा अनुभव करो कि जैसे हम सुखपूर्वक जी रहे हैं, तथा हम (तो) आसक्तों के मध्य (भी) अनासक्त बनकर विहार करते हैं।

Live without [any] attachment among those who are attached; feel that 'we, indeed, are happy, and dwell unattached [even] among attached.'

सुसुखं वत! जीवाम येसं नो नत्थि किञ्चनं।
पीतिभक्खा भविस्साम देवा आभस्सारा यथा।। (200)

हमारे पास अपना कुछ नहीं है; ऐसा अनुभव करो कि जैसे हम सुखपूर्वक जी रहे हैं, तथा हम (तो) आभास्वर देवों की भाँति (ही) प्रीति का भोजन करके सुखपूर्वक रहेंगे।

'We have nothing to be called our own', with this feeling 'we live happily, and we shall be like the bright gods, feeding on happiness.'

जयं वेरं पसवति दुक्खं सेति पराजितो।
उपसन्तों सुखं सेति हित्वा जयपराजयं।। (201)

विजय घृणा को उत्पन्न करती है, और पराजित होने वाला दुख की नींद सोता है; लेकिन जो जय तथा पराजय (दोनों स्थितियों) से ऊपर उठ जाता है, वही सुख की नींद सो पाता है।

Victory gives birth to hatred, and the conquered sleeps uneasy; but one who has overcome of both, victory and defeat, he, indeed, sleeps well.

नत्थि रागसमो अग्गि, नत्थि दोससमो कलि।
नत्थि खन्धसमा दुक्खा नत्थि सन्तिपरं सुखं।। (202)

इच्छा-राग के समान कोई अग्नि नहीं, द्वेष-घृणा के समान कोई दोष नहीं, पंच-स्कंध-समुदाय[1] के समान कोई दुख नहीं और शान्ति से बढ़कर कोई (अन्य) सुख नहीं।

There is no [other] fire like desire [or passion], there is no [other] accuse [or sin] like hatred, there is no [other] pain like this body [made of five elements*], and there is no pleasure higher than the peace.

जिघच्छा परमा रोगा, संखारा परमा दुक्खा।
एतं ञत्वा यथाभूतं निब्बाणं परमं सुखं।। (203)

भूख (प्रबल कामना) सबसे बड़ा रोग है और संस्कार सबसे बड़ा दुख है; यदि वास्तविकता है तो वह है निर्वाण, जो कि परम आनन्द की स्थिति (भी) है।

Hunger [of desire and sensuality] is the worst of diseases, and the element [of body] is the greatest of

---

1. पंच-स्कंध-समुदाय में सम्मिलित हैं: रूप, वेदना, संज्ञा, संस्कार और विज्ञान।

* The five elements comprise of organined body, sensation, perception, conception and knowledge.

sorrows; the reality lies in the ***Nirvana*** that is the highest stage of happiness.

आरोग्यपरमा लाभा सन्तुट्ठी परमं धनं।
विस्सासपरमा ञाती निब्बाणं परमं सुखं।। (204)

आरोग्य (स्वास्थ्य) परम लाभ (उपहार) है और सन्तोष सबसे बड़ा धन है; विश्वास सबसे बड़ा मित्र है जबकि निर्वाण सबसे बड़ा सुख है।

Good health is the highest gain [and gift] and the contentment is the highest wealth; trust is the best of friends, while the liberation [***Nirvana***] is the highest happiness.

पविवेकरसं पीत्त्वा रसं उपसमस्स च।
निद्दरो होति निप्पापो धम्मपीतिरसं पिवं।। (205)

एकचित्त होकर (एकान्त में) चिन्तनकर्ता और शान्ति के रस को पीने वाला निर्भीक होता है; एवं धर्म-प्रीति का रसास्वादनकर्ता व्यक्ति निष्पाप रहता है।

Indeed, he is fearless, who has enjoyed the thought and peace; and a person who tastes the sweetness of the [***Dharma***] true Law; he becomes free from all sins.

साधु दस्सनमरियानं सन्निवासो सदा सुखो।
अदस्सनेन बालानं निच्चमेव सुखी सिया।। (206)

साधु-सज्जन का दर्शन शुभ-आनन्ददायक होता है, उसके साथ रहना (सदा ही) अच्छा होता है; यदि व्यक्ति मूर्ख के दर्शन न करे, तो वह आनन्दित रहा करता है।

The sight of a [***Sadhu***] virtuous is good, as it brings happiness, and company of a righteous, indeed, is the gain. If a man does not see a fool, he lives happily.

वालसंगतिचारी हि दीघमद्धानं सोचति।
दुक्खो बालेहि संवासो अमित्तेनेव सब्बदा।
धीरो च सुखसंवासो ञातीनं'व समागमो।। (207)

मूर्खों की संगति में विचरने वाला दीर्घकाल तक दुख उठाता है, (वह) इसलिए, क्योंकि मूर्ख-अज्ञानियों की संगति शत्रु की भाँति दुखदायी होती है।

One, who walks in the company of idiots, he suffers for a long, because the association of fools, like that of enemy, is always painful, while the company of wise, like that of kinsfolk, is a paradise.

तस्मा हि धीरञ्च पञ्जञ्च बहुस्सुतं च घोरय्हसीलं वतवन्तमरियं।
तं तादिसं सप्पुरिसं सुमेधं भजेथ नक्खत्तपथं'व चन्दिमा।। (208)

ज्ञानियों, बुद्धिमानों, धीरों, प्रज्ञावानों, कर्तव्यपरायणों, व्रतियों, उद्यमियों, और निर्वाण पथ पर अग्रसरों-अर्हतों तथा सुबुद्धों-सत्पुरुषों का वैसे ही अनुगमन-समागम करो, जैसे कि चन्द्रमा नक्षत्र-पथ का करता है।

Always follow the wise-intelligent, the virtuous, the endeavoring and dutiful, the active and disciplined, and those [who] are proceeding toward the highest [***Nirvana***], and the Elect, as the moon follows the path of the stars.

****

अध्याय / Chapter 16

पियवग्गो/The Pleasure

अयोगे युञ्जमत्तानं योगस्मिञ्च अरोजयं।
अत्थं हित्वा पियग्गाही पिहेतत्तानुयोगिनं।। (209)

आसक्ति से विरत, अनासक्ति में लीन, निःस्वार्थी और प्रिय व उत्तम आचरणों से आत्मोन्नति में जुटे (श्रेष्ठ) पुरुषों से प्रतिस्पर्धा करनी चाहिए।

One, who is free from vanity, and is not selfish, and who is making efforts for liberation [of self] through good deeds and meditation, he is wise and others should envy him.

मा पियेहि समागञ्छि अप्पियेहि कुदाचनं।
पियानं अदस्सनं दुक्खं अप्पियानञ्च दस्सनं।। (210)

प्रिय एवं अप्रिय, दोनों, का परित्याग कर दो, क्योंकि प्रिय को न देखने के कारण (से) दुख होता है, जबकि अप्रिय को देखना (ही) दुखदायी होता है।

Do not cling to what is pleasant and what is not, because to see what is pleasant is pain, and it is pain to see that is unpleasant.

तस्मा पियं न कयिराथ पियापायो हि पापको।
गन्थां तेसं न विज्जन्ति येसं नत्थि पियाप्पियं।। (211)

किसी को प्रिय न बनाओ, क्योंकि प्रिय का बिछुड़ना दुखदायी होता है; उनके चित्त में कोई दुविधा नहीं रहती, जिनका न (तो) कोई प्रिय होता है तथा न (ही) अप्रिय होता है।

Do not love anyone, because the loss of the beloved causes pain; those who love nothing, and [also] hate nothing, they have no fetter [in mind].

पियतो जायते सोको पियतो जायते भयं।
पियतो विप्पमुत्तस्स नत्थि सोको कुतो भयं।। (212)

अपने प्रिय से शोक एवं भय उत्पन्न होता है। इसलिए जो (अपने) प्रिय के बन्धन (लगाव) से मुक्त है, उसके लिए शोक या भय का (कोई) कारण नहीं है।

[Worldly] pleasure is the source of grief and fear. So, one who is free of [worldly] pleasure and attachment, he has no reason for grief or fear.

पेमतो जायते सोको पेमतो जायते भयं।
पेमतो विप्पमुत्तस्स नत्थि सोको कुतो भयं।। (213)

प्रेम से शोक एवं भय, दोनों, उत्पन्न होते हैं। इसलिए जो प्रेम के बन्धन से मुक्त हैं, उनके लिए शोक अथवा भय का (कोई) कारण नहीं है।

Love or affection is the source of grief and fear; one who is free of them, he has no reason for grief or fear.

रतिया जायते सोको रतिया जायते भयं।
रतिया विप्पमुत्तस्स नत्थि सोको कुतो भयं।। (214)

रति से शोक एवं भय, दोनों, उत्पन्न होते हैं। इसलिए जो रति के जाल से मुक्त हैं, उनके लिए शोक अथवा भय का (कोई) कारण नहीं है।

Passion is the source of grief and fear; so, one who is free from its bond, he has no reason for grief or fear.

कामतो जायते सोको कामतो जायते भयं।
कामतो विप्पमुत्तस्स नत्थि सोको कुतो भयं।। (215)

काम से शोक एवं भय, दोनों, उत्पन्न होते हैं। इसलिए जो काम के बन्धन-जाल से मुक्त हैं, उनके लिए शोक अथवा भय का (कोई) कारण नहीं है।

Desire [of love] is the source of grief and fear. So, one who is free from it, he has no reason for grief or fear.

तण्हाय जायते सोको तण्हाय जायते भयं।
तण्हाय विप्पमुत्तस्स नत्थि सोको कुतो भयं।। (216)

तृष्णा से शोक एवं भय, दोनों, उत्पन्न होते हैं। इसलिए जो तृष्णा से मुक्त हैं, उनके लिए शोक अथवा भय का (कोई) कारण नहीं है।

Greed is the source of grief and fear, but one who is free of it; he has no reason for grief or fear.

सीलदस्सनसम्पन्नं धम्मट्ठं सच्चावादिनं।
अत्तनो कम्मकुब्बानं तं जनो कुरुते पियं।। (217)

वह, जो शीलवान, गुणवान और ज्ञानी है, जो धर्मनिष्ठ तथा सत्यवादी है, तथा जो कर्तव्यपरायण (भी) है, उससे सभी प्रेम करते हैं।

One, who is full of wisdom, virtue and knowledge, who speaks the truth, and whose deeds are just and right, him world holds dear.

छन्दजातो अनक्खातो मनसा च फुटो सिया।
कामेसु च अप्पटिबद्धचित्तो उद्धंसोतो'ति वुच्चति।। (218)

निर्वाण की जिसमें अभिलाषा है, जिसने मन से (निर्वाण का) स्पर्श किया है, जिसका चित्त कामेच्छाओं-भोगों में नहीं है, वह उर्ध्वस्रोत कहलाता है।

One, who desires the highest [***Nirvana***], who has touched it, and who is free from all desires, lusts and passions, he is the dearest of the world.

चिरप्पवासिं पुरिसं दूरतो सोत्थिमागतं।
ञातिमित्ता सुहज्जा च अभिनन्दन्ति आगतं।। (219)

लम्बे समय तक सुदूर वास करने बाद जो सकुशल वापस आता है, ऐसे पुरुष का उसके सगे-सम्बन्धी, मित्रादि हृदय से अभिनन्दन करते हैं।

Kinsmen, relatives and friends accord grand welcome to him, who has been far away, and returns [safe to his home].

तथेव कतपुञ्ञम्पि अस्मा लोका परं गतं।
पुञ्ञानि पतिगण्हन्ति पियं ञातीव आगतं।। (220)

उसी भाँति पुण्य कर्मों को करने वाले के (वे) पुण्य कर्म इस (मृत्यु) लोक से प्रस्थान कर जाने के बाद परलोक में, प्रियजनों की ही भाँति, उसके स्वागत-अभिनन्दन का कारण बनते हैं।

In the same manner, on the strength of his good deeds [done in this world], a man is received in the next world [after going from here], as kinsmen, relatives and friends receive a man on his safe return to his home.

****

अध्याय / Chapter 17

कोध वग्गो/The Anger

कोधं जहे विप्पजहेय्य मानं सञ्ञोजनं सब्बमतिक्कमेय्य।
तं नामंरूपस्मिं असज्जमानं अकिञ्चनं नानुपतन्ति दुक्खा।।
(221)

जो मनुष्य क्रोध और अभिमान को त्यागकर बन्धन-मुक्त हो जाते हैं, तथा जो नामरूप में आसक्त नहीं होते तथा (वे), जो सर्वत्याग करते हैं, उन्हें दुख (कभी) नहीं सताते।

One, who leaves anger, and forsakes pride, he overcomes [all] of bondage; and those [who] are not attached to name and form, and call nothing their own, they do not suffer.

यो वे उप्पतितं कोधं रथं भन्तं'व धारये।
तमहं सारथिं ब्रूमि, रस्मिग्गाहो इतरो जनो।। (222)

गति से बढ़ते रथ की भाँति अपने क्रोध को जो रोक लेता है, मैं उसी को कुशल सारथी कहता हूँ; शेष (सारथी) तो केवल रस्सी थामने वाले ही (होते) हैं।

One, who holds back rising anger, like a rolling chariot, him I call a skilful and real driver; all other are but holding [only] reins.

अक्कोधेन जिने कोधं असाधुं साधुना जिने।
जिने कदरियं दानेन सच्चेन अलिकवादिनं।। (223)

अक्रोध से क्रोध को, साधुता से असाधुता को, दान से कंजूस-भावना को और सत्य से असत्य को जीत लो।

Overcome anger by love, evil by good, greedy by liberality, and the untruth by truth.

सच्चं भणे न कुज्झेय्य दज्जाप्पस्मिम्पि याचितो।
एतेहि तीहि ठानेहि गच्छे देवान सन्तिके।। (224)

सत्य बोलने से, क्रोध न करने से और दान देने से, मनुष्य देवलोक को जाने का अधिकारी होता है।

By speaking truth, overcoming anger and giving charity, a man is entitled to go to [*Devaloka*] the world of gods.

अहिंसका ये मुनयो निच्चं कायेन संवुता।
ते यन्ति अच्चुतं ठानं यत्थ गन्त्वा न सोचरे।। (225)

जो मनुष्य अहिंसा का पालन करते हैं, और अपनी काया पर नियंत्रण रखते हैं, वे अच्चुत पद (निर्वाण) को प्राप्त करते हैं, और (उसे प्राप्त करके) दुख से (पूर्णतः) छूट जाते हैं।

Who practice non-violence and control [their] body, they attain the unchangeable place [***Nirvana***]; and they have no reason to suffer thereafter.

सदा जागरमानानं अहोरत्तनुसिक्खिनं।
निब्बाणं अधिमुत्तानं अत्थं गच्छन्ति आसवा।। (226)

सदा सचेत रहने वाले व दिन-रात अध्ययनरत, निर्वाण (पद) को प्राप्त करते हैं, और ऐसा होने पर उनके समस्त विकार नष्ट हो जाते हैं।

Those who are [always] watchful, and study [of the true Law] day and night, their passions come to an end; and they attain the highest [***Nirvana***].

पोराणमेतं अतुलं ! नेतं अज्जतनामिव।
निन्दन्ति तुण्हीमासीनं निन्दन्ति बहुभाणिनं।
मितभाणिनम्पि निन्दन्ति नत्थि लोके अनिन्दितो।। (227)

हे अतुल ! यह नई नहीं, अपितु (अति) प्राचीनकाल से चली आ रही कहावत है : चुप रहने वाले की, अधिक बोलने वाले की और कम बोलने वाले की (भी) निन्दा होती है। संसार में निन्दा से परे कोई नहीं है।

Oh Atula! This is an old saying, and not as if of today: They blame him, who keeps silence; they blame him, who speaks much; and they also blame him, who says little. There is no one in this world, who is not blamed.

न चाहु न च भविस्सति च चेतरहि विज्जति।
एकन्तं निन्दितो पोसो एकन्तं वा पसंसितो।। (228)

जिसकी निन्दा न हो, या जिसकी बराबर निंन्दा हो, अथवा जिसकी बराबर प्रशंसा हो, ऐसा (कोई) व्यक्ति न तो कभी था, न है, और न ही (आगे) होगा।

There never was, there never will, [and] nor is there today [in the world], who is always blamed, or who is always praised.

यञ्चे विञ्ञू पसंसन्ति अनुविच्च सुवे सुवे।
अच्छिद्दवुत्तिं मेधाविं पञ्ञासीलसमाहितं।। (229)

नेक्खं जम्बोनदस्सेव को तं निन्दितुमरहति।
देवापि नं पसंसन्ति ब्रह्मुनापि पसंसितो।। (230)

विकारहीन, मेधावी-प्रज्ञावान और प्रशंसा से दूर व्यक्ति की गंबु (नदी) के स्वर्ण से निर्मित मुद्रा की भाँति कोई निन्दा नहीं करता; ऐसे पुरुष की (तो) देवताओं और ब्रह्म द्वारा (भी) प्रशंसा की जाती है।

One, who is not impressed by praise, [and] who is wise and virtuous, no one can dare to blame him, like a coin made of gold from the ***Gambu*** [river]; even the gods and ***Brahman*** praise such a man.

कायप्पकोपं रक्खेय्य कायेन संवुतो सिया।
कायदुच्चरितं हित्वा कायेन सुचरितं चरे।। (231)

कायिक अस्थिरता से बचते हुए संयम बरतें, कायिक दुराचार (पाप) का त्याग करके कायिक सदाचार-नैतिकता को अपनाएँ।

Saving him from bodily anger [instability], control your body; and leaving bodily sin, practice ethics [and morality] with body.

वचीपकोपं रक्खेय्य वाचाय संवुतो सिया।
वची दुच्चरितं हित्वा वाचाय सुचरितं चरे।। (232)

वाणी-क्रोध (असावधानी) से बचो और वाणी पर नियंत्रण करो; जिह्वागत-वाणी के पापों का त्याग करके तुम सदाचार-सद्गुणों का विकास करो।

Avoid anger [negligence] of the tongue and control your tongue; living the sin of the tongue, develop virtue.

मनोपकोपं रक्खेय्य मनसा संवुतो सिया।
मनोदुच्चरितं हित्वा मनसा सुचरितं चरे।। (233)

मानसिक-क्रोध (चपलता) से सावधान रहो और मन पर नियंत्रण रखो; मानसिक पापों-दुराचारों का त्याग करके तुम मानसिक सदाचार-सद्गुणों को विकसित करो।

Beware of anger [harsh activity] of the mind and control your mind; leaving [all] the sins of mind, develop virtues with the mind.

कायेन संवुता धीरा अथो वाचाय संवुता।
मनसा संवुता धीरा ते वे सुपरिसंवुता।। (234)

वे धीर-बुद्धिमान, जो अपनी काया, वाणी एवं मन (मस्तिष्क) पर नियंत्रण रखते हैं, वे (ही) वास्तव में श्रेष्ठतः नियंत्रित होते हैं।

The patient [and wise], who control their body, tongue and mind [***Mana***], they are, indeed, well-controlled.

****

अध्याय / Chapter
18

मलवग्गो/The Impurity

पण्डुपलासो'व दानिसि, यमपुरिसापि च तं उपट्ठिता।
उय्योगमुखे च तिट्ठसि पाथेय्यम्पि च ते न विज्जति।। (235)

इस समय तेरी स्थिति पीत पत्र के समान है; यमलोक वाले तेरे समीप हैं, प्रस्थान की तैयारी है, परन्तु तेरे पास यात्रार्थ व्यवस्था (ही) नहीं है।

At this moment you are like a yellow leaf, the messengers of ***Yama*** are near you; you are to go [from this World], but you have no arrangement for your journey.

सो करोहि दीपमत्तनो खिप्पं वायम पण्डितो भव।
निद्धन्तमलो अनङ्गणो दिब्बं अरियभूमिमेहिसि।। (236)

इसलिए (तेरे लिए आवश्यक है), तू एक सुरक्षित घर बना, कठिन परिश्रम कर, और बुद्धिमान-पण्डित बन; तू चित्त के विकारों को समाप्त कर, तथा दोषविहीन हो। ऐसा करने पर ही तू दिव्य पद[1] प्राप्त कर सकेगा।

So, [as it is necessary for you] make a house, work hard and be [a] wise; make yourself free from impurities and sins. By doing so, you will be able to attain the highest [***Nirvana***].

---

1. निर्वाण।

उपनीतवयो च दानिसि सम्पयातोसि यमस्स सन्तिकं।
वासोपि च ते नत्थि अन्तरा पाथेय्यम्पि च ते नविज्जति।। (237)

आयु समाप्त हो चुकी है, तू यमराज के निकट पहुँच चुका है, लेकिन तेरे पास कोई निवास-स्थान (तो) है नहीं; यात्रा के लिए तेरे पास व्यवस्था (ही) नहीं है।

Your life has come to an end, you have reached near [to] ***Yama*** [the King of death], but there is no house for you; and you have no arrangement for your journey.

सो करोहि दीपमत्तनो खिप्पं वायम पण्डितो भव।
निद्धन्तमलो अनङ्गणो न पुन जातिजरं उपेहिसि।। (238)

इसलिए (तेरे लिए आवश्यक है), तू एक सुरक्षित घर बना, कठिन परिश्रम कर, और बुद्धिमान-पण्डित बन, तू चित्त के विकारों को समाप्त कर, तथा दोषविहीन हो। ऐसा करने पर ही तू आर्यों (सत्पुरुषों) के दिव्य पद को प्राप्त कर सकेगा।

So, [as it is necessary] build a safe house [for yourself], work hard and be a [***Pandit***] wise; be pure and sinless. By doing so, you will attain the highest [***Nirvana***].

अनुपुब्बेन मेधावी थोकथोकं खणे खणे।
कम्मारो रजतस्सेव निद्धमे मलमत्तनो।। (239)

जैसे कोई सुनार चाँदी को बारम्बार तपाकर उसके दोष निकालता है, उसी प्रकार एक बुद्धिमान-मेधावी व्यक्ति शनैः-शनैः अभ्यास करके अपने दोषों को दूर करता है।

As a [gold] smith blows off the impurities of silver [by heat], a wise and learned blows off his own impurities one by one, and time to time.

अयसा'व मलं समुट्ठितं तदुट्ठाय तमेव खादति।
एवं अतिधोनचारिनं सानि कम्मानि नयन्ति दुग्गतिं।। (240)

जिस प्रकार लोहे को (उसी से उत्पन्न) जंग खा जाता है, उसी प्रकार स्वयं अपने ही कर्म (व्यक्ति को) पतन के मार्ग पर ले जाते हैं।

As the rust [sprung from the iron itself] destroys it, [evil] deeds of a man lead him to the evil path.

असज्झायमला मन्ता अनुट्ठानमला धरा।
मलं वण्णस्य कोसज्जं पमादो रक्खतो मलं।। (241)

पुनरावृत्ति न होना प्रार्थना-पद का दोष है, समुचित मरम्मत न होना घर का दोष है, आलस्य-अकर्मण्यता स्वरूप-सौन्दर्य का दोष है, तथा असावधानी संतरी का दोष है।

Non-repetition is the vice of the prayer, and the vice of a house [is] non-repair; the vice of complexion is sloth [and inactivity], and the vice of a watchman is carelessness.

मलित्थिया दुच्चरितं मच्छेरं ददतो मलं।
मला वे पापका धम्मा अस्मिं लोके परम्हि च।। (242)

दुराचार महिला का दोष है, कंजूसी दानी का दोष है, लेकिन पाप कर्म इस लोक व परलोक, दोनों, में ही दोष है।

Bad conduct is the taint of a woman, stinginess is the taint of a generous person; but the sin is the vice in both, this world and the next.

ततो मला मलतरं अविज्जा परमं मलं।
एतं मलं पहत्वान निम्मला होथ भिक्खवो।। (243)

समस्त दोषो में सबसे बड़ा दोष अज्ञानता-अविद्या है। इसलिए, हे भिक्षुओं! इस अज्ञानता-अविद्यामय दोष को निकालकर दोषरहित बनो।

Ignorance [or misapprehension] is the greatest sin. So, O ***Bhikshukas***! Throw off this taint, and become taintless.

सुजीवं अहिरिकेन काकसूरेन धंसिना।
पक्खन्दिना पगब्भेन संकिलिट्ठेन जीवितं।। (244)

जिन व्यक्तियों को पाप करने में लज्जा नहीं आती, जो काग की भाँति स्वार्थ सिद्धि में लगे रहते हैं, जिन्हें परोपकार, आदर तथा सौभाग्य की (कोई) चिन्ता नहीं होती, ऐसे लोगों का मलिन बनकर जीना सरल होता है।

Those who live without shame, who are [fully] indulged in selfishness, and who do not care for [self] respect, good fortune and beneficence, life is easy to live for them.

हिरिमता च दुज्जीवं निच्चं सुचिगवेसिना
अलीनेन प्पगब्भेन सुद्धाजीवेन पस्सता।। (245)

लेकिन पाप से डरने वाले, पवित्रता का विचार करने वाले, उद्यमी, कामेच्छा से दूर, शान्त, शुद्ध आजीविका वाले और ज्ञानवान का जीवन कठिनाईपूर्ण होता है।

But, life is hard for a modest, who always looks for that is pure, and who is an active, quiet, passionless, spotless and intelligent.

यो पाणमतिपातेति मुसावादञ्च भासति।
लोके अदिन्नं आदियति परदारञ्च गच्छति।। (246)
सुरामेरयपानञ्च यो नरो अनुयुञ्जति
इधेवमेसो लोकस्मिं मूलं खनति अत्तनो।। (247)

जो जीव हत्या करता है, असत्य भाषण करता है, चोरी और पर स्त्रीगमन करता है; तथा जो मदिरापान करता है, वह यह सब कुछ करके इस लोक में (ही) अपनी जड़े खोदता हुआ अपना सर्वनाश करता है।

He, who is violent, and destroys life, speaks untruth, and takes that is not given to him, and who goes to another's wife, and who gives himself to the drinking of alcohol, he [even] in this world, gigs up his own root.

एवं भो पुरिस! जानाहि पापधम्मा असञ्ञता।
मा तं लोभो अधम्मो च चिरं दुक्खाय रन्धयुं।। (248)

हे मनुष्य! (भली-भाँति) यह समझाकर कि संयमहीन कर्म पापमय होते हैं, सुकर्म कर, ताकि लोभ और अधर्म (तुझे) चिरकाल तक दुखों में (ही) न जलाते रहें।

O human being! Listen [well] that the deeds without control are sinful. So, take care and indulge in good deeds, so that greediness and vice do not bring you to grief for a long [time].

ददाति वे यथासद्धं यथापसादनं जनो।
तत्थ यो मङ्कु भवति परेसं पानभोजने।
न सो दिवा व रत्तिं वा समाधिं अधिगच्छति।। (249)

अपनी इच्छा-श्रद्धा और प्रसन्नता के अनुरूप (ही) लोग दान करते हैं; लेकिन जो दूसरो के खान-पान को देखकर कुढ़ता है, उसे दिन में अथवा रात्रि में, अर्थात कभी भी, शान्ति प्राप्त नहीं होती है।

The people donate as per their faith or pleasure; but one who frets about the food and drink given [to] others; he does not find peace either during the day [time] or in the night.

यस्स चेतं समुच्छिन्नं मूलघच्चं समूहतं।
स वे दिवा वा रत्तिं वा समाधिं अधिगच्छति।। (250)

लेकिन जिसमें उक्त प्रकार के विचार (ही) समूल नष्ट हो गए हैं, ऐसे मानव को दिन में और रात्रि में, सदा (ही), शान्ति प्राप्त होती है।

But in whom all these feelings have completely destroyed, he finds peace always, by day and by night.

नत्थि रागसमो अग्गि नत्थि दोससमो गहो।
नत्थि मोहसमं जालं नत्थि तण्हासमा नदी।। (251)

राग के समान कोई (अन्य) अग्नि नहीं है, घृणा के समान कोई धोखा नहीं है, मोह के समान कोई जाल नहीं है तथा तृष्णा के समान कोई नदी नहीं है।

There is no other fire like passion, there is no false like hatred, there is no snare like folly, and there is no [other] like greed.

सुदस्सं वज्जमञ्ञेसं अत्तनो पन दुद्दसं।
परेसं हि सो वज्जानि ओपुणाति यथाभुसं।
अत्तनो पन छादेति कलिं'व कितवा सठो।। (252)

दूसरों के दोष (तो) सहज ही दीख पड़ते हैं, लेकिन स्वयं अपने दोषो को देखना कठिन होता है; अन्यों के दोषों को व्यक्ति भूसे की भाँति उड़ाता है, जबकि वह अपने दोषों को उसी प्रकार छिपाता है, जैसे कि कोई कपटी-धोखेबाज जुआरी पासे को छिपाता है।

It is [quite] easy to see the faults of others, but that of one [own] self is difficult [to perceive]; a man winnows faults of his neighbour like chaff, but he ignores his own faults, as a cheat hides the bad die from the player.

परवज्जानुपस्सिस्स निच्चं उज्झानसञ्ञिनो।
आसवा तस्स बड्ढन्ति आरा स आसवक्खया।। (253)

जो व्यक्ति सदैव ही दूसरों की त्रुटियाँ देखता है और जिसकी प्रकृति सदा चिढ़ने वाली ही होती है, उसके चित्त-विकार बढ़ते (ही) रहते हैं, तथा वह चित्त-विकारों के विनाश से दूर रहता है।

One, who looks after the misdeeds of others, and who is always inclined to be offended, his own passions increase continuously, and such a man, is far from the destruction of passions.

आकासे च पदं नत्थि समणो नत्थि बाहिरे।
पपञ्चाभिरता पजा निप्पपञ्चा तथागता। (254)

आकाश में (कोई) मार्ग नहीं, श्रमण आर्य सत्य[1] (की परिधि) से बाहर नहीं, संसार प्रपंचरत है, जबकि तथागत प्रपंच-मुक्त है।

There is no path through the sky, a ***Shramana*** is not out of the domain of [four] Noble Truths; the world delights in vanity, and the ***Tathagata*** [the ***Buddha***] is free from it.

आकासे च पदं नत्थि समणो नत्थि बाहिरे।
सङ्खरा सस्सता नत्थि, नत्थि बुद्धानमिञ्जितं।। (255)

आकाश में (कोई) मार्ग नहीं, श्रमण आर्य सत्य (की परिधि) से बाहर नहीं; संस्कार शाश्वत (स्थायी) नहीं है, और बुद्धों में विचलन नहीं है।

There is no path through the sky, a ***Shramana*** is not out of the domain of the [four] Noble Truth, but the ***Buddhas*** are never shaken.

****

---

1. आष्टांगिद. मार्ग।

अध्याय / Chapter 19

धम्मट्ठवग्गो/The Religious

न तेन होति धम्मट्ठो येनत्थं सहसा नये।
यो च अत्थं अनत्थञ्च उभो निच्छेय्य पण्डितो।। (256)

समुचित सोच-विचार के बिना, जो व्यक्ति अचानक ही कोई निश्चय कर ले, वह धर्म में स्थित नहीं होता।

One who decides without proper thinking, or if he does so suddenly, he is not just or religious.

असाहसेन धम्मेन समेन नयती परे।
धम्मस्स गुत्तो मेधावी धम्मट्ठो'ति पवुच्चति।। (257)

सत्यासत्य व अर्थानर्थ का भली-भाँति सोच-विचारकर निर्णय करने वाला एवं धीर भाव से निश्चयकर्ता मेधावी धर्म में स्थित होता है।

One who gives due consideration to both, right and wrong, and decides constantly, he is just and resting in the true [*Dharma*] Law.

न तेन पण्डितो होति यावता बहु भासति।
खेमी अवेरी अभयो पण्डितो'ति पवुच्चति।। (258)

अत्यधिक भाषण करने से कोई पण्डित नहीं हो जाता है, क्षमा, मित्रता और निर्भीकता[1] ही पण्डित की पहचान है।

---

1. जैसे गुणों का संरक्षण करना।

He is not a [***Pandit***] learned, because he talks much; but one who possesses virtues like pity and friendliness*, patience and fearlessness, he, indeed, is a learned.

न तावता धम्मधरो यावता बहु भासति।
यो च अप्पम्पि सुत्वान धम्मं कायेन पस्सति।
स वे धम्मधरो होति यो धम्मं नप्पमज्जति।। (259)

अत्यधिक भाषण करने से कोई धर्मवेत्ता नहीं होता है। धर्म का अंश सुनकर, उसके अनुरूप कार्य करने वाला, उसके अनुरूप आचरण करने वाला एवं धर्म (के कार्य) में आलस्य न करने वाला (भी) धर्म-समर्थक, अर्थात धार्मिक होता है।

One, who talks much, he is not the interpreter of the true Law. But if a man, after listing a little of the Law, makes practices accordingly, and supports it actively, he, indeed, is a supporter of the true Law, and a religious.

न तेन थेरो होति येनस्स पलितं सिरो।
परिपक्को वयो तस्स मोघजिण्णो'ति वुच्चति।। (260)

सिर के बाल श्वेत हो जाने (मात्र) से (ही) कोई परिपक्व नहीं हो जाता है; बड़ी आयु होने पर भी वह व्यर्थ ही वृद्ध कहलाता है।

A man is not mature because his hair** are white; his age may be ripe, but he is called 'old-in-vain'.

* Both-the pity and friendliness are the basis of (*Karuna*) Comassion.

** Of head.

यम्हि सच्चञ्च धम्मो च अहिंसा सञ्ञमो दमो।
स वे वन्तमलो धीरो थेरो'ति पवुच्चति।। (261)

सत्य, धर्म, अहिंसा, संयम एवं दम का आचरणकर्ता, और विकारहीन तथा धीर (ही) वास्तव में परिपक्व-स्थविर कहलाता है।

One, who practices truth, non-violence, and is retrained, and who possesses the virtue like vigour; and is passionless, he, indeed, is called an old [and stable] man.

न वाक्करणमत्तेन वण्णपोक्खरताय वा।
साधुरूपों नरो होति इस्सुकी मच्छरी सठो।। (262)
यस्स चेतं समुच्छिन्नं मूलघच्चं समूहतं।
स वन्तदोसो मेधावी साधुरूपों'ति वुच्चति।। (263)

कोई ईर्ष्यालु, धूर्त, दुष्ट-वक्ता या आकर्षक दिखाई देने से (भी) साधु नहीं हो सकता, लेकिन जिसमें से ये सभी बातें नष्ट हो गई हैं, और जो दोषरहित व मेधावी है, वही साधु (भी) हो सकता है।

A man, who is an envious, stingy, dishonest, or one who talks much, or if he is attractive [by the beauty of his complexion], he cannot be a [***Sadhu***] good person; but in whom all this [mentioned above] has come to an end, and who is free from hatred, and is wise, he, indeed, is called a [***Sadhu***] good person.

न मुण्डकेन समणो अब्बतो अलिकं भणं।
इच्छालाभसमापन्नो समणो किं भविस्सति।। (264)

यो च समेति पापानि अणुं थूलानि सब्बसो।
समितत्ता हि पापानं समणो'ति पवुच्चति।। (265)

कोई अनुशासनहीन और असत्यवादी, मुण्डन कराने से (ही) श्रमण नहीं बन सकता; क्या इच्छाओं से भरा हुआ तथा लोभी पुरुष श्रमण हो सकता है? जिसने छोटे-बड़े सभी पापों को नष्ट कर दिया है, पापों को समूल नष्ट करने वाला वही (वास्तव में) श्रमण कहलाता है।

No one can become a ***Shramana***, if he is an undisciplined and speaks untruly; he cannot be a ***Sharmana*** if he gets shaved his head. Can a man be a ***Shramana,*** who is greedy and full of desires? But one who has become free of all sins, small or big, he, indeed, is called a ***Shramana***.

न तेन भिक्खु (सो) होति यावता भिक्खते परे।
विस्सं धम्मं समादाय भिक्खु होति न तावता।। (266)

भिक्षा याचना करने वाला (ही) भिक्षुक नहीं होता; कुकर्मों-पापमय कार्यों में लिप्त (भी) भिक्षुक नहीं होता।

A man is not a [***Bhikshuka***] mendicant simply because he asks for alms; He also is not a mendicant, who is not free from [all] sinful deeds.

योध पुञ्ञञ्च पापञ्च वाहित्वा ब्रह्मचरियवा।
सङ्खाय लोके चरति स वे भिक्खू'ति वुच्चति।। (267)

वह, जो पाप-पुण्य से ऊपर (उठ) गया हो, जो ब्रह्मचारी और ज्ञानी होकर सावधानीपूर्वक लोक में विचरण करता हो, (वास्तव में) वही भिक्षुक है।

But one who has overcome of evil and good, and observes chastity, which is a wise and dwells carefully in the world, he, indeed, is a [***Bhikshu***] mendicant.

न मोनेन मुनी होति मूल्हरूपो अविद्दसु।
यो च तुलं'व पग्गय्ह वरमादाय पण्डितो।। (268)

अज्ञानी और बुद्धिहीन मौन के बल पर (ही) मुनि नहीं हो जाता, पण्डितजन (तो) तुला की भाँति वजन करते हैं।

One, who is an ignorant and foolish, cannot be a [***Muni***] saint simply because he observes silence; but the wise, making a clear balance choose the good and avoid bad.

पापानि परिवज्जेति स मुनी तेन सो मुनि।
यो मुनाति उभो लोके मुनी तेन पवुच्चति।। (269)

जो पापों का त्याग करके उत्तम तत्त्वज्ञानी होता है, वही वास्तव में मुनि है; और जो लोक-परलोक के बारे में चिन्तन करता है, वही मुनि कहलाता है।

One who leaves the sins and gains true knowledge, he, indeed, is a [***Muni***] saint; and a [***Muni***] saint gives thought to both, this world and the next.

न तेन अरियो होति येन पाणानि हिंसति।
अहिंसा सब्बपाणानं अरियो'ति पवुच्चति।। (270)

व्यक्ति प्राणिमात्र के प्रति हिंसा से नहीं, अपितु अहिंसा से ही आर्य (श्रेष्ठ) होता है।

A man is not [an ***Aryan***] noble because he injures living beings; but he is [an ***Aryan***] noble because he is [completely] non-violent and he has pity on all that live.

न सीलब्बतमत्तेन बाहुसच्चेन वा पन।
अथवा समाधिलाभेन विविच्च सयनेन वा।। (271)
फुसामि नेक्खम्मसुखं अपुथुज्जनसेवितं।
भिक्खु! विस्सासमापादि अप्पत्तो आसवक्खयं।। (272)

मैं, अनुशासित, शीलमय, प्रसिद्ध समाधिस्थ अथवा एकान्तवासी होकर, उस (परम सुख) निर्वाण का आनन्द नहीं ले रहा हूँ, जिसे बुद्धिहीन-सांसारिक पा (ही) नहीं सकते हैं। हे भिक्षुओं! तुम तब तक पड़ाव न डालना, जब तक तुम्हारे (समस्त) चित्त-विकार (समूल) नष्ट न हो जाएँ।

I am not enjoying the ***Nirvana*** [the stage not possible for those involved in worldly affairs, or those who are senseless] because I possess discipline, vow and popularity, or [because of] entering into a trance of sleeping alone. O mendicants! Do not take rest until all desires of mind are rooted out.

****

अध्याय / Chapter
20

मग्गवग्गो/The Way

मग्गानट्ठङ्गिको सेट्ठो सच्चानं चतुरो पदा।
विरागो सेट्ठो धम्मानं द्विपदानञ्च चक्खुमा।। (273)

सभी मार्गों में श्रेष्ठ अष्टांगिक मार्ग है, सभी सत्यों में श्रेष्ठ चार आर्य सत्य हैं, सभी धर्मों में श्रेष्ठ वैराग्य है, और मनुष्यों में श्रेष्ठतम ज्ञानवान-बुद्ध है।

The best of ways is the 'Eightfold', and the best of the truths the four Noble Truths; the best of the good is freedom from desires and the best of men is the ***Buddha,*** who possesses full knowledge and who has eyes to see.

एसो'व मग्गो नत्थञ्ञो दस्सनस्स विसुद्धिय।
एतं हि तुम्हे पटिपज्जथ मारस्सेतं पमोहनं। (274)

दर्शन-ज्ञान की प्राप्ति के लिए यही मार्ग है, कोई दूसरा नहीं है। हे भिक्षुओं! इसी मार्ग पर प्रस्थान करो, क्योंकि यही 'मार्ग' मार को मूर्छित करने वाला है।

This is the [only] way, and there is no other [way], which leads to purifying of intelligence. Oh mendicants! Proceed on it, this way faints the [***Mara***] tempter.

एतं हि तुम्हे पटिपन्ना दुक्खस्सन्तं करिस्सथ।
अक्खातो वे मया मग्गो अञ्ञाय सल्लसन्थनं।। (275)

यदि तुम इस मार्ग पर प्रस्थान करते हो, तो तुम दुखों से मुक्ति पा सकोगे; कठोर सांसारिक दुख[1] को स्वयं समझने के बाद (ही) मैंने (तुम्हें) यह मार्ग बताया है।

If you proceed on this path, you will be free from grieves; after understanding the reality of worldly sorrows*, I have preached this to you.

तुम्हेहि किच्चं आतप्पं अक्खातारो तथागता।
पटिपन्ना पमोक्खन्ति झायिनो मारबन्धना। (276)

प्रयास तो (स्वयं) तुम्हें ही करना होगा। तथागत का कार्य तो मार्ग बता देना (ही) है; उस मार्ग पर प्रस्थान करके ध्यानी पुरुष 'मार' के बन्धन से मुक्त हो सकेंगे।

You, yourself, have to make efforts. The ***Tathagata*** can only show the way; a thoughtful, proceeding on the way, can be free from the bondage of ***Mara***.

सब्बे सङ्खारा अनिच्चा'ति यदा पञ्ञाय पस्सति।
अथ निब्बिन्दति दुक्खे, एस मग्गो विसुद्धिया।। (277)

समस्त कृत्रिम पदार्थ अनित्य हैं, भली-भाँति यह ज्ञान हो जाने के उपरान्त (मनुष्य में) वैराग्य की उत्पत्ति होती है, तथा इससे (ही) मन की शुद्धि (भी) होती है।

---

1. काँटे के समान।

* That is like a thorn.

All created things perish, and one who knows it well, he becomes free from worldly desires, and this is the way of purity of mind.

सब्बे सङ्खारा दुक्खा'ति यदा पञ्ञाय पस्सति।
अथ निब्बिन्दति दुक्खे एस मग्गो विसुद्धिया।। (278)

सभी कृत्रिम पदार्थ दुख का कारण हैं, भली-भाँति यह ज्ञान हो जाने पर (मनुष्य में) वैराग्य की उत्पत्ति होती है, तथा इससे (ही) मन की शुद्धि (भी) होती है।

All created things cause pain and one who knows it well, he becomes free from worldly desires, and this is the way of purity of [his] mind.

सब्बे धम्मा अनत्ता'ति यदा पञ्ञाय पस्सति।
अथ निब्बिन्दति दुक्खे एस मग्गो विसुद्धिया।। (279)

समस्त धर्म[1] आत्माविहीन हैं, भली-भाँति यह ज्ञान हो जाने पर (मनुष्य में) वैराग्य की उत्पत्ति होती है, तथा इससे (ही) मन की शुद्धि (भी) होती है।

All forms* are soulless, one who understands it well, he becomes free of worldly desires, and this is the way leading to purity of [his] mind.

---

1. पदार्थ एवं अनुभूतियाँ।

* Matters and perceptions.

उट्ठानकालम्हि अनुट्ठहानो युवा बली आलसियं उपेतो।
संसन्नसङ्कप्पमनो कुसीतो पञ्ञाय मग्गं असलो न विन्दति।।
(280)

समय पर जो प्रयास नहीं करता है, जो बलशाली तथा युवा होते हुए भी आलस्य में रहता है, जो व्यर्थ के विचारों-संकल्पों से भरा हुआ है, तथा जो लम्बी-चौड़ी योजनाएँ बनाता है, वह प्रज्ञा-ज्ञान के मार्ग पर कभी नहीं आ सकता।

One, who does not make efforts in time, and who, though strong and young, is inactive, weak in thought and makes useless plans, he never finds a way to knowledge.

वाचानुरक्खी मनसा सुसंवुतो कायेन च अकुसलं न कयिरा।
एते तयो कम्मपथे विसोधये आराधये मग्गमिसिप्पवेदितं।। (281)

वाणी पर नियंत्रण व मन को संयमित करें; काया से पाप न हो, यह सुनिश्चित करें। वचन, मन और काया—तीनों—के मार्ग विशुद्ध करके ऋषि[1] के बताए मार्ग का अनुसरण करें।

Control your mind and speech; make it sure that your body does not commit any wrong. Keep these three ways of action clear; and by doing so, you can follow the path shown by the ***Rishi****.

1. बुद्ध।
* The Buddha.

योगा वे जायती भूरि अयोगा भूरि सङ्खयो।
एतं द्वेधापथं ञत्वा भवाय विभवाय च।
तथत्तानं निवेसेय्य यथा भूरि पवड्ढति।। (282)

योगाभ्यास द्वारा प्रज्ञा की उत्पत्ति होती है, और योगाभाव में प्रज्ञा-ज्ञान का नाश होता है; उत्पत्ति और विनाश की इस वास्तविकता को[1] भली-भाँति जानकर अपने को इस प्रकार रखें कि प्रज्ञा-ज्ञान की वृद्धि हो।

You can get knowledge through [***Yoga***] bodily exercises and zeal, but it is lost if you lack knowledge [of ***Yoga***]; knowing this*, place yourself in a manner that knowledge may grow.

वनं छिन्दथ मा रुक्खं वनतो जायती भयं।
छेत्वा वनञ्च वनथञ्च निब्बाणा होथ भिक्खवो।। (283)

इच्छाओं से भरे इस वन को समाप्त करो, न कि (एक ही) वृक्ष को, क्योंकि भय (तो) इच्छाओं से भरपूर वन से (ही) है। हे भिक्षुओं! जब तुम (इस) वन तथा झाड़ी को काट दोगे, तुम निर्वाण (को) प्राप्त हो सकोगे।

Cut down this [whole] forest of desires and not a tree only, because danger comes out of the forest of desires. Oh mendicants! When you have cut down both, the forest and its undergrowth, you will attain the ***Nirvana***.

---

1. दोनों मार्गों से।

* By both the ways.

यावं हि वनथो न छिज्जति अनुमत्तोपि नरस्स नारिसु।
पटिबद्धमनो नु ताव सो वच्छो खीरपको'व मातरि।। (284)

पुरुष की लेशमात्र (भी) कामना जब तक स्त्रियों में (बनी) रहती है, तब तक पुरुष की स्थिति उस दूध पीने वाले (गाय के) बछड़े के समान होती है, जो अपनी माता से बँधा रहता है।

So long as the desire of man towards women, even the smallest, remains, so long his state of mind is like a calf that drinks milk of its mother.

उच्छिन्द सिनेहमत्तनो कुमदं सारदिकं'व पाणिना।
सन्तिमग्गमेव ब्रूहय निब्बाणं सुगतेन देसित।। (285)

शरदऋतु के कमल की भाँति (ही) अपने प्रति स्नेह को छोड़ दो; बुद्ध द्वारा प्रदत्त शान्ति-मार्ग का अनुसरण करो, तथा निर्वाण की ओर बढ़ो।

Live the love of self like an autumn lotus; follow the path of peace shown by the ***Buddha***, and thus attain the highest [***Nirvana***].

इध वस्सं वसिस्सामि इध हेमन्तगिम्हसु।
इति बालो विचिन्तोति अन्तरायं न बुज्झाते।। (286)

अज्ञान से घिरा मनुष्य अपने जीवन की (विभिन्न) बाधाओं को समझ नहीं पाता है; वह वर्षा, शीत और ग्रीष्म-ऋतु में अपने विहार के बारे में (व्यर्थ ही) विचार करता रहता है।

One, who is full of ignorance and misunderstandings, he does not know what obstacles or afflictions are there in [his] life; his thinking about rain, winter and summer are useless and without any motive.

तं पुत्तपसुसम्मतं व्यासत्तमनसं नरं।
सुत्तं गामं महोघो'व मच्चु आदाय गच्छति।। (287)

जिस प्रकार बाढ़ किसी ग्राम के सोते हुए निवासियों को बहाकर ले जाती है, उसी प्रकार मृत्यु सन्तान एवं पशुओं में आसक्ति रखने वाले (मनुष्य) को ले जाती है।

As the flood carries off the inhabitants of a sleeping village, death comes and carries of that man who has attachment towards his children and flocks.

न सन्ति पुत्ता ताणाय न पिता नापि बन्धवा।
अन्तकेनाधिपन्नस्स नत्थि ञातिसु ताणता।। (288)

पुत्र-पिता अथवा बन्धु-बांधव (किसी की) रक्षा नहीं कर सकते हैं, मृत्यु के समय (तो) कुल-जाति के लोग भी रक्षक नहीं हो सकते हैं।

Sons, father, relatives or kinsfolk cannot extend [any] help for one when death has seized.

एतमत्थवसं ञत्वा पण्डितो सीलसंवुतो।
निब्बाण-गमनं मग्गं खिप्पमेव विसोधये।। (289)

बुद्धिमान-पण्डितजन को इस वास्तविकता को भली प्रकार जानकर और शीलमय होकर निर्वाण के मार्ग को शीघ्र ही स्पष्ट करना चाहिए।

A wise and intelligent, who knows [this] reality; he should become virtuous, and should quickly clear the way of ***Nirvana***.

****

अध्याय / Chapter
21

पकिण्णकवग्गो/The Miscellaneous

मत्तासुखपरिच्चागा पस्से चे विपुलं सुखं।
चजे मत्तासुखं धीरो सम्पस्सं विपुलं सुखं।। (290)

यदि अल्प सुख को त्याग देने से अधिक सुख की सम्भावना होती है, तो बुद्धिमान उस अल्प सुख को अधिक सुख के लिए छोड़ देते हैं।

If by leaving a short term* pleasure, one sees possibility of a great pleasure, let a wise leave the temporary pleasure, and look for the great.

परदुक्खूपदानेन यो अत्तनो सुखमिच्छति।
वेरसंसग्गसंसट्ठो वेरा सो न परिमुच्चति।। (291)

अन्यों को दुख पहुँचाकर, जो मनुष्य अपने सुख की इच्छा करता है, वह वैरभाव में जकड़ा हुआ, शत्रुता से मुक्त (ही) नहीं हो पाता है।

One, who wishes pleasure for himself, by causing pain to others, he, entangled in the bonds of hatred, and, thus, he never becomes free of hatred.

यं हि किच्चं तदपविद्धं अकिच्चं पन कयिरति।
उन्नलानं पमत्तानं तेसं बड्ढन्ति आसवा।। (292)

सुकर्मों को छोड़कर, दुष्कर्मों में जो अपने आपको लगाता है, ऐसे अज्ञानी, विकारी और प्रमादी की इच्छाएँ बढ़ती ही रहती हैं।

One, who indulges in evil deeds, and leave the way of good [deeds], such an ignorant, sick and thoughtless

* Temporary.

man cannot overcome of the desires; and his desires always increase.

येसञ्च सुसमारद्धा निच्चं कायगता सति।
अकिच्चन्ते न सेवन्ति किच्चे सातच्चकारिनो।
सतानं सम्पजानानं अत्थं गच्छन्ति आसवा।। (293)

(लेकिन) जो क्षणभंगुर तथा विकारी काया के प्रति सचेत होते हैं, वे दुष्कर्मों में नहीं, अपितु सुकर्मों में (ही) अपने को लगाते हैं; ऐसे चेतनामय और जागृत लोगों के चित्त-विकार समाप्त हो जाते हैं।

But, those who are watchful, and direct their body, do not follow that is wrong, and who steadfastly indulge in good deeds, the desire of such watchful and wise [men] come to an end.

मातरं पितरं हन्त्वा राजानो द्वे च खत्तिये।
रट्ठं सानुचरं हन्त्वा अनिघो याति ब्राह्मणो।। (294)

वही निष्पाप बाह्मण हो सकता है, जो माता-पिता[1] और दो राजाओं,[2] तथा राजशाही[3] को मार डालता है।

One, who kills father*, mother**, two kings*** and destroys the kingdom****, he, indeed, becomes a sinless [***Brahmina***] wise.

---

1. तृष्णा और अहंकार।
2. शाश्वतता के सिद्धान्त और जड़वाद।
3. राग और सम्बन्धित अनुचरों व गतिविधियों।

* The lust.

** The pride.

*** The theory of eternity and materialism.

**** Made of the five.

मातरं पितरं हन्त्वा राजानो द्वे च सोत्थिये।
वेय्यग्घपञ्चमं हन्त्वा अनिघो याति ब्राह्मणो।। (295)

वही निष्पाप ब्राह्मण हो सकता है, जो माता-पिता और दो राजाओं, तथा पंचम ज्ञानार्जन में बाधक होने वाले बाघ[1] को मार डालता है।

One, who kills mother and father, two kings and to the [***Bagha***] affection, who obstructs the way of knowledge, he, indeed can be a [***Brahmina***] wise.

सुप्पबुद्धं पबुज्झन्ति सदा गोतमसावका।
येसं दिवा च रत्तो च निच्चं बुद्धगता सति।। (296)

वे, जिन्हें दिन-रात बुद्ध की स्मृति रहती है, गौतम के ऐसे शिष्य सदा बुद्ध की स्मृति के साथ ही सोते और जागते हैं।

The disciples of ***Gautama*** are always well aware, and their thoughts, day and night, are set on the ***Buddha***.

सुप्पबुद्धं पबुज्झन्ति सदा गोतमसावका।
येसं दिवा च रत्तो च निच्चं धम्मगता सति।। (297)

वे, जो दिन-रात धर्म में रत रहते हैं, गौतम के ऐसे शिष्य सदा धर्म की स्मृति के साथ ही सोते और जागते हैं।

The followers of ***Gautama*** always adhere of the true Law; their thoughts, day and night, set on it*.

---

1. राग-रूपी।

* The *Dharma.*

सुप्पबुद्धं पबुज्झन्ति सदा गोतमसावका।
येसं दिवा च रत्तो च निच्चं सङ्गता सति।। (298)

वे, जो दिन-रात ध्यानमय रहते हैं, गौतम के ऐसे शिष्य सदा ही संघ-स्मृति के साथ सोते और जागते हैं।

The followers of ***Gautama*** are always thoughtful; their thoughts, day and night, set on the ***Sangha****.

सुप्पबुद्धं पबुज्झन्ति सदा गोतमसावका।
येसं दिवा च रत्तो च निच्चं कायगता सति।। (299)

वे, जो दिन-रात कायगता-स्मृति बनाए रखते हैं, गौतम के ऐसे शिष्य सदा इसी के साथ सोते और जागते हैं।

The followers of ***Gautama*** are always careful of their body; their thoughts, day and night, set on their body.

सुप्पबुद्धं पबुज्झन्ति सदा गोतमसावका।
येसं दिवा च रत्तो च अहिंसाय रतो मनो।। (300)

वे, जिनका मन दिन-रात अहिंसारत रहता है, गौतम के ऐसे शिष्य सदा (ही) अहिंसा की स्मृति के साथ सोते और जागते हैं।,

The well awake followers of ***Gautama*** always enjoy [***Ahimsa***] the non-violence, and their mind delights in it.

* The assembly (of monks).

सुप्पबुद्धं पबुज्झन्ति सदा गोतमसावका।
येसं दिवा च रत्तो च भावनाय रतो मनो।। (301)

वे, जिनका मन दिन-रात जागृत व ध्यानरत रहता है, गौतम के ऐसे शिष्य सदा ही जागृत-ध्यानमय (होकर) सोते और जागते हैं।

The well awake disciples of ***Gautama*** always meditate, and their mind, day and night, delight in meditation.

दुप्पब्बज्जं दुरभिरमं दुरावासा घरा दुखा।
दुक्खोऽसमानसम्वासो दुक्खानुपतितद्धगू।
तस्मा नच अद्धगू सिया न च दुक्खानुपतितो सिया।। (302)

प्रव्रज्या (जो कष्टकारी हो) में रत होना[1] एवं अपमान के साथ (घर में) रहना, व मार्ग का यात्री बनना दुख है; लेकिन संसार में साथ रहना तो और भी दुखद है। इसलिए संसार मार्ग का यात्री न बनें, और दुखों में फँसकर समस्याग्रस्त न हों।

It is hard to associate with the order*, it is hard to live in the house, and hard is the monastery, but more painful is to live in the world. So, do not dwell in the world, Overcome of grieves and problems.

सद्धो सीलेन सम्पन्नो यसोभोगसमप्पितो।
यं यं पदेसं भजति तत्थ तत्थेव पूजितो।। (303)

---

1. भिक्षुक बनना।

* Of the *Dharma* and the *Sangha*.

जो श्रद्धावान है, जो शीलमय तथा यशस्वी है, ऐसा व्यक्ति जहाँ भी जाता है, उसकी (वहीं) पूजा होती है।

One, who is faithful, virtuous and glorious, he, indeed, is respected; wherever he goes, he is worshiped.

दूरे सन्तो पकासेन्ति हिमवन्तो'व पब्बतो।
असन्तेत्थ न दिस्सन्ति रत्ति खित्ता यथा सरा।। (304)

साधुजन दूर होने पर भी, हिमालय पर्वत की बर्फीली चोटियों की भाँति, सदा प्रकाशवान रहते हैं, जबकि असाधुजन निकट होते हुए भी रात्रि में चलाए गए तीर की भाँति दिखाई नहीं पड़ते।

Gentlemen always shine from afar, like snowy peaks of the ***Himalaya***, but bad people are not seen, like an arrow shot in the night.

एकासनं एकसेय्यं एकोचरमतन्दितो।
एको दमयमत्तानं वनन्ते रमतो सिया।। (305)

अकेले एक आसन पर, अकेले एक शय्या पर और आलस्य त्यागकर अकेले ही विचरते हुए अपने मनः विकारों का दमन करो; अकेले वनोपवन में आनन्दित रहो।

Destroy sickness of your mind by sitting alone, lying down alone and [actively] walking alone; be happy near the edge of forest.

****

अध्याय / Chapter

22

निरयवग्गो/The Downward Course

अभूतवादी निरयं उपेति यो वापि कत्त्वा 'न करोमी'ति चाह।
उभोपि ते पेच्च समा भवन्ति निहीनकम्मा मनुजा परत्थ।।
(306)

असत्यवादी तथा वह, जो करने के बाद भी कहता है कि उसने नहीं किया, नरक को जाता है, नीच कर्म-कर्ता मरकर भी समान रूप से दुर्गति को प्राप्त होते हैं।

One who, having done a thing, says that he has not done it, and who speaks untruth, he goes to hell; after death both the evil-doers meet with misfortune.

कासावकण्ठा बहवो पापधम्मा असञ्ञता।
पापा पापेहि कम्मेहि निरयन्ते उप्पज्जरे।। (307)

कंठ में पीत वस्त्र डाले अनेक असंयमी और पाप (कर्मों) में लिप्त हैं; वे अपने पाप-कर्मों के कारण नरक के भागी होते हैं।

Many, whose shoulders are covered with the yellow gown, are unrestrained, and they are involved in the sin; such evil-doers by their [own] evils go to hell.

सेय्यो अयोगुलो भुत्तो तत्तो अग्गिसिखूपमो।
यञ्चे भुञ्जेय्य दुस्सीलो रट्ठपिण्ड असञ्ञतो।। (308)

दुराचारी, असंयमी (अनियंत्रित) होकर देश का अन्न खाने से (तो) अग्नि शिखा-सदृश्य तपते हुए लोहे का गोला खाना (ही) अच्छा है।

It is [much] better to swallow a heated iron-ball, like flaring fire than that of an unrestrained and evil-doer, and who lives on the charity of the nation.

चत्तारि ठानानि नरो पमत्तो आपज्जती परदारूपसेवी।
अपुञ्ञलाभं न निकामसेय्यं निन्दं ततीयं निरयं चतुत्थं।। (309)

असावधान, प्रमादी और परस्त्री गमनकर्ता को चार प्रकार की स्थितियों से गुजरना पड़ता है: अपुण्यमय लाभ, दुखमयी निन्द्रा, निन्दा और नरकवास।

Demerit, uncomfortable bed, defamation and hell, these are the four outcomes of evil deeds, intoxication and covering other's wife.

अपुञ्ञलाभो च गती च पापिका भीतस्स भीताय रती च थोकिका।
राजा च दण्डं गरुकं पणेति तस्मा नरो परदारं न सेवे।।(310)

पाप व दुर्गति, भयभीत स्थिति में भयभीत नारी के साथ अल्पकालिक सम्बन्ध से और भारी राजदण्ड से बचें; परस्त्रीगमन का विचार (ही) न करें।

Do save yourself from sin [and hell], heavy punishment from the king and the short pleasure of a frightened [woman] in the arms of the frightened; never think of other's wifo.

कुसो यथा दुग्गहीतो हत्थमेवानुकन्तति।
सामञ्ञं दुप्परामट्ठं निरयाय उपकड्ढति।। (311)

जैसे दराँती को ठीक से न पकड़ने की स्थिति में, वह (स्वयं अपने ही) हाथ को हानि पहुँचा सकती है, उसी प्रकार यदि श्रमण ठीक से व्यवहार न करे, तो वह नरक का भागी हो सकता है।

As a grass-blade, if not used properly, cuts one's own palm, if a ***Shramana*** does not act properly, he may go to hell.

यं किञ्चिं सिथिलं कम्मं सङ्किलिट्ठ च यं वतं।
सङ्कुस्सरं ब्रह्मचरियं न तं होति महप्फलं।। (312)

असावधानीपूर्वक किए गए कार्य, वचन-भंग, अशुद्ध-दूषित ब्रह्मचर्य (कभी भी) शुभफलदायक नहीं होते।

Anything done carelessly, breach of trust and impure celibacy can never bring a reward.

कयिरञ्चे कयिराथेनं दल्हमेनं परक्कमे।
सिथिलो हि परिब्बजो भिय्यो आकिरते रजं।। (313)

शुभकर्मों को दृढ़ता व पराक्रम के साथ करो; निष्क्रिय व असावधान परिव्राजक अधिक दोष फैलाता है।

Do the good* vigorously and firmly; a careless and inactive pilgrim scatters the dust** more widely.

---

* Deeds.

** Of passions.

अकतं दुक्कतं सेय्यो पच्छा तपति दुक्कतं।
कतञ्च सुकतं सेय्यो यं कत्वा नानुतप्पति।। (314)

दुष्कर्म करने से (तो) न करना ही अच्छा है, क्योंकि दुष्कर्मी उपरान्त पछताता है। सुकर्म करना श्रेष्ठ है, क्योंकि सुकर्मी को पश्चाताप नहीं करना पड़ता है।

Evil deeds are better left undone, because [after doing so] a man repents. Good deeds are always better because a good-doer has no reason to repent afterward.

नगरं यथा पच्चन्तं गुत्तं सन्तरबाहिरं।
एवं गोपेथ अत्तानं खणो वे मा उपच्चगा।
खणातीता हि सोचन्ति निरयम्हि समप्पिता।। (315)

जैसे किसी राज्य का सीमावर्ती नगर बाहर-भीतर से सुदृढ़ होता है, उसी प्रकार अपने को (भी) सुरक्षित रखना चाहिए; क्षणभर के लिए (भी) असावधान नहीं रहना चाहिए, क्योंकि (असावधानीवश) यदि चूक हो जाए, तो व्यक्ति नरक का भागी होता है, जहाँ उसे पश्चाताप करना होगा।

Like a well-guarded frontier city, saved within and outside, a man must guard himself; not [even] for a moment he should be careless, because those who allow the right moment to pass, they suffer after going to hell.

अलज्जिता ये लज्जन्ति लज्जिता ये न लज्जरे।
मिच्छादिट्ठिसमादाना सत्ता गच्छन्ति दुग्गतिं।। (316)

जहाँ लज्जा न करनी हो, वहाँ (तो) लज्जा करके और जहाँ लज्जा करने की आवश्यकता हो, वहाँ ऐसा न करके, मिथ्या धारणा पालने वाले मनुष्य, गलत मार्ग का अनुसरण करते हैं।

They, who are ashamed where they ought not to be ashamed of, and are not ashamed where they ought to be ashamed of, embrace false doctrine, and thus, they follow an evil path.

अभये च भयदस्सिनो भये च अभयदस्सिनो।
मिच्छादिट्ठिसमादाना सत्ता गच्छन्ति दुग्गतिं।। (317)

भय से मुक्त कार्यों में जिन्हें भय दिखाई देता है और भय से भरपूर कार्यों में जिन्हें भय नहीं दिखाई देता है, ऐसी मिथ्या धारणा पालने वाले मनुष्य दुर्गति को प्राप्त होते हैं।

Those, who see fear in the task that is free from any fear, and do not see fear in the task that is full of fear, they embrace false doctrine, and thus they follow an evil path.

अवज्जे वज्जमतिनो वज्जे चावज्जदस्सिनो।
मिच्छादिट्ठिसमादाना सत्ता गच्छन्ति दुग्गतिं।। (318)

जो लोग दोषरहित कार्यों में दोष देखते हैं, जबकि दोषमय कार्यों में दोष नहीं देखते हैं, ऐसी मिथ्या दृष्टि वाले व्यक्तियों की दुर्गति होती है।

Who see evil where there is no evil, and see no evil where there is evil, they embrace false doctrine, and thus they follow an evil path.

वज्जञ्च वज्जतो ञत्वा अवज्जञ्च अवज्जतो।
सम्मादिट्ठिसमादाना सत्ता गच्छन्ति सुग्गतिं।। (319)

दोषी में दोष तथा अदोषी में अदोष देखकर ही सम्यक् दृष्टि वाले सुगति को प्राप्त होते हैं।

Who see evil where there is evil, and see no evil where it is not, they embrace true doctrine, and thus they, with their sound sight, follow the right path, and get ***Nirvana***.

****

अध्याय / Chapter

23

नागवग्गो / The Elephant

अहं नागो'व सङ्गामे चापतो पतितं सरं।
अतिवाक्यं तितिक्खिस्सं दुस्सीलो हि बहुज्जनो।। (320)

जिस प्रकार गज युद्ध-भूमि में धनुष से निकले तीरों को सहन करता है, उसी प्रकार मैं (भी) दुशीलों के कटु वचनों को सहन करूँगा; संसार का स्वभाव ही बुरा है।

I will endure bitter words [of the wicked], as the elephant endures the arrows sent from the bow in the battle field; for the world is ill-natured.

दन्तं नयन्ति समितिं दन्तं राजभिरूहति।
दन्तो सेट्ठो मनुस्सेसु योतिवाक्यं तितिक्खति।। (321)

शान्त-सुशिक्षित गज पर (ही) सवार होकर राजा युद्ध-भूमि में जाता है; कटुवचन सहन करने वाला शान्त मनुष्य ही श्रेष्ठ है।

While going to the battle field, the king mounts a tamed and well trained elephant; one who silently endures, he is the best among men.

वरं अस्सतरा दन्ता आजानीया च सिन्धवा।
कुञ्जरा च महानागा अत्तदन्तो ततो वरं।। (322)

शान्त-सुशिक्षित खच्चर, सिन्धु-अश्व व महानाग दाँतों वाले हाथी-अच्छे होते हैं; लेकिन मनुष्यों में तो वही श्रेष्ठ होते हैं, जो अपने को शान्त[1] तथा सुशिक्षित करते हैं।

Tamed and well-trained mules, ***Sindhu*** horses and elephants with large tusks are good; but one who trained himself*, and is quiet, he is the best [among men].

न हि एतेहि यानेहि गच्छेय्य अगतं दिसं।
यथात्तना सुदन्तेन दन्तो दन्तेन गच्छति।। (323)

गज (व दूसरे पशुओं) के सहारे उस देश[2] की ओर नहीं जाया जा सकता है; वहाँ तो कोई शान्त-सुशिक्षित (ही) अपनी इन्द्रियों का दमन करने के बाद पहुँच सकता है।

With these animals a man cannot go to that country**, where a self controlled, quiet and passionless can go.

धनपालको नामकुञ्जरो कटकप्पभेदनो दुन्निवारियो।
बद्धो कवलं न भुञ्जति सुमरति नागवनस्स कुञ्जरो।। (324)

शत्रु की सेना का तितर-बितरकर्ता धनपालक हाथी बन्धनमय हो जाने के बाद भोजन नहीं करता, और (वह) अपने हरे-भरे वन का स्मरण करता है।

---

1. भली-भाँति अपना दमन करने वाले।

* Who cantrol themselves

2. निर्वाण की ओर।

** Towards the nirvana

A ***Dhanapalaka*** elephant, which disperses the army of enemy in the battle-field, does not eat a morsel when bound, and [he] longs for the grove.

मिद्धो यदा होति महग्घसो च निद्दायिता सम्परिवत्तसायी
महावराहो'व निवापपुट्ठो पुनप्पुनं गब्भमुपेति मन्दो।। (325)

अत्यधिक खाने वाला, बहुत सोने वाला व आलसी तथा (साथ ही) करवटें बदल-बदलकर निद्रा लेने वाला (भी) पालतू शूकर की ही भाँति मोटा हो जाता है, तथा ऐसे मन्दबुद्धि के जन्म-मरण का चक्र समाप्त नहीं होता है।

One, who eats more and becomes fat, sleepy, and rolls himself about, he a fool, like a hog fed on grains, never becomes free from the cycle of birth and death.

इदं पुरे चित्तमचारि चारिकं येनिच्छकं यत्थकाम यथासुखं।
तदज्जहं निग्गहेस्सामि योनिसो हत्थिप्पभिन्नं विय अंकुसग्गहो।।
(326)

मेरा यह चित्त स्वच्छन्द (रूप से) विचरण करता था; लेकिन अब मैं इस मतवाले गज के समान मन पर महावत की भाँति ही अंकुश लगाऊँगा।

My mind went wandering about as it liked [freely], but, now, I will hold it, as the rider who holds the furious elephant.

अप्पमादरता होथ स-चित्तमनुरक्खथ।
दुग्गा उद्धरथत्तानं पंके सत्तो'व कुञ्जरो।। (327)

जागरूक होकर चित्त की रक्षा करो; अपने को सांसारिक दोषों से, कीचड़ में लिप्त गज की (ही) भाँति, स्वच्छ बनाओ।

Become thoughtful and watch your thoughts; make yourself free of worldly evil, like an elephant sunk in mud.

सचे लभेथ निपकं सहायं सद्धिं चरं साधुविहारिधीरं।
अभिभुय्य सब्बानि परिस्सयानि चरेय्यं तेनत्तमनो सतीमा।। (328)

जो परिपक्व है, वह बुद्धिमान साथी अथवा शिष्य के मिल जाने पर सभी (प्रकार की) बाधाओं को पार करके प्रसन्नतापूर्वक विचरण कर सकता है।

One, who is mature, can walk with a prudent companion or with a disciple overcoming of dangers happily.

नो चे लभेथ निपकं सहायं सद्धिचरंसाधुविहारिधीरं।
राजा'व रट्ठ विजितं पहाय एको चरे मातङ्गरञ्ञे व नागो।।
(329)

परिपक्व को यदि बुद्धिमान साथी या शिष्य नहीं मिलता है, तो (उसे चाहिए कि) वह राजा की भाँति पराजित देश को छोड़कर, मतवाले गज के समान, अकेला ही विचरण करे।

But, if he [the mature] does not find a prudent companion or a disciple, let him walk alone, like a king, who leaves his conquered land behind, like an intoxicated elephant.

एकस्स चरितं सेय्यो नत्थि वाले सहायिता।
एको चरे न च पापानि कयिरा।
अप्पोस्सुक्को मातङ्गरञ्ञेव नागो।। (330)

अकेला रहना श्रेष्ठ है, अज्ञानी का साथ अच्छा नहीं; मातंग हाथी की भाँति अनासक्तिरहित होकर अकेले ही विचरण करें तथा पाप के वश में न हों।

Better is to live alone, there is no companionship with a fool; like an intoxicated, let a man walk alone and let him commit no sin by leaving [worldly] desires.

अत्थम्हि जातम्हि सुखा सहाया।
तुट्ठी सुखा या इतरीतरेन।
पुञ्ञं सुखं जीवितसङ्खयम्हिं सब्बस्स दुक्खस्स सुखं पहाणं।।
(331)

यदि आवश्यकता आन पड़े, तो मित्र सुखद (होता) है; जो भी प्रयोजन या कारण हो, सन्तुष्टि या सन्तोष सुखद है; जीवन के बाद पुण्य-कर्म सुखद है, तथा समस्त दुखों का नाश सर्वाधिक सुखद (स्थिति) है।

A friend is pleasant, if the occasion arises; enjoyment [contentment] is pleasant whatever may be the cause; [any of the] good deeds is pleasant in the hour of death, and the destruction of pains is the most of the pleasant.

सुखा मत्तेय्यता लोके अथो पेत्तेय्यता सुखा।
सुखा सामञ्ञता लोके अथो ब्रह्मञ्ञता सुखा।। (332)

(इस) लोक में माता-पिता की सेवा करना, श्रमण-भावना रखना, पापरहित होकर ज्ञानी (बुद्धिमान) ब्राह्मण होना (ही) सुखकर है।

The state of a ***Shramana*** and the state of a ***Brahmina*** [who is wise and free from sin] is pleasant in this world; to attend his parents also is a pleasure for a man.

सुखं याव जरा सीलं सुखा सद्धा प्रतिट्ठिता।
सुखो पञ्ञाय पटिलाभो पापानं अकरणं सुखं।। (333)

वृद्धावस्था तक (भी) शीलमय रहना, अटल सत्य में विश्वास तथा श्रद्धा रखना, ज्ञान-प्रज्ञा-लाभ और पापों से विरति (ही) सुखकर है।

One who is a virtuous [even] in his old age, and have stanch faith in truth, who possesses knowledge, and if he is free from sins, he, indeed, dwells in pleasure.

****

अध्याय / Chapter
24

तण्हावग्गो/The Thirst

मनुजस्स पमत्तचारिनो तण्हा वड्ढति मालुवा विय।
सो प्लवती हुराहुरं फलमिच्छं'व वनस्मिं वानरो।। (334)

असावधान-चंचल आचरण वाले व्यक्ति में तृष्णा मालुवा की बेल की तरह बढ़ती है; ऐसा मनुष्य वन में फल की इच्छा वाले व कूदने-फाँदने वाले वानर की भाँति होता है, तथा जन्म-मरण के चक्र में (ही) रहता है।

The thirst [of lust] of an uncontrolled and thoughtless man grows like a creeper [***Maluba***]; such a man runs life to life, like a jumping monkey seeing fruit in the forest.

यं एसा सहती जम्मी तण्हा लोके विसत्तिका।
सोका तस्स पवड्ढन्ति अभिवट्ठं'व वीरणं।। (335)

विष के समान तृष्णा से ग्रस्त व्यक्ति, जो बारम्बार जन्म लेता है, (उसमें) शोक, चटाई में प्रयुक्त की जाने वाली वीरन घास की भाँति, बढ़ते हैं।

One, who is full of poisonous lust [and passion], he never becomes free of the cycle of birth and rebirth, and his sufferings increase like the ***Birana*** grass that is used for [making] a mat.

यो चेतं सहती जम्मिं तण्हं लोके दुरच्चयं।
सोका तम्हा पपतन्ति उदविन्दू'व पोक्खरा।। (336)

लेकिन जो जन्मों में बाँधने वाली और (सरलतापूर्वक) त्याग न की जा सकने वाली तृष्णा पर विजय पा लेता है, उसके सन्ताप (शनैः-शनैः) वैसे ही गिर जाते हैं, जैसे कि कमल के पत्ते से पानी की बूँदे गिरती हैं।

But, one who successfully overcomes of this fierce thirst [of poisonous lust and passion], his sufferings fall off, like water-drops from a lotus leaf.

तं वो वदामि भद्दं वो यावन्तेत्थ समागता।
तण्हाय मूलं खणथ उसीरत्थों'व वीरणं।। (337)

(इसलिए) मैं तुम्हारे हितार्थ (कल्याणार्थ) कहता हूँ कि जैसे खस के लिए उशीर को खोदा जाता है, वैसे ही तुम (इस) तृष्णा की जड़ (को) खोदो।

So, I tell you! As one, who desires the [***Khas***] sweet-scented, he digs up the root of the [grass], root out the [***Mara***] tempter, so that it may not crush you again!

यथापि मूले अनुपद्दवे दल्हे छिन्नोपि रुक्खो पुनरेव रूहति।
एवम्पि तण्हानुसये अनूहते निब्बत्तति दुक्खमिदं पुनप्पुनं।। (338)

जैसे कि जड़ों की उपस्थिति में कटा हुआ वृक्ष पुनः उग आता है, उसी प्रकार तृष्णा के समूल नष्ट न होने की स्थिति में दुख बारम्बार उत्पन्न होता है।

As [even] a cut down tree is firm as long as its root is safe, and it can grow again, unless the tempter is not rooted out, it has all possibilities to return again and again.

यस्स छत्तिंसती सोता मनापस्सवना भुसा।
वाहा वहन्ति दुद्दिट्ठिं सङ्कप्पा रागानिस्सिता।। (339)

जिसके सभी छत्तीस स्रोत मन को अच्छे लगने वाले पदार्थों की ओर ही प्रवाहित रहते हैं, उस बहके हुए व्यक्ति के राग निःसृत संकल्प दुर्भावना उत्पन्न करते हैं।

Whose all thirty-six streams flow in channels of pleasure*, the waves of passion misguide such a man continuously; and his desires do not come to an end.

सवन्ति सब्बधि सोता लता उब्भिज्ज तिट्ठति।
तञ्च दिस्वा तलं जातं मूलं पञ्ञाय छिन्दथ।। (340)

(उपरोक्त) स्रोत समस्त दिशाओं में प्रवाहित होते हैं, जिससे तृष्णा रूपी बेल अंकुरित रहती है। इसलिए ज्ञान-प्रज्ञा द्वारा इस तृष्णा को समूल नष्ट करो।

These [thirty-six] channels run everywhere and [resultantly] the creeper of lust stands sprouting. So, cut the root of the tempter by knowledge.

सरितानि सिनेहितानि च सोमनस्सानि भवन्ति जन्तुनो।
ते वे सोतसिता सुखेसिनो ते वे जाति-जरूपगा नरा।। (341)

तृष्णामयी सरिताएँ आकर्षक और मुग्ध करने वाली होती हैं; और उनकी धारा में फँसे हुए लोग, (असत्यमयी) सुखेच्छा के कारण, बारम्बार जन्म लेते हैं, और वृद्धावस्था के चक्र में रहते हैं।

---

* In thirty six channels in clude eighteen external and eighteen internal (including six organs of sense, six objects of sense).

Luxuries and lusts are like rivers which accord pleasure to a man [temporarily]; and a man, having desire of (untrue) pleasure, undergo birth and decay again and again.

तसिणाय पुरक्खता पजा परिसप्पन्ति ससो'व बाधितो।
सञ्ञोजनसङ्गसत्तका दुक्खमुपेन्ति पुनप्पुनं चिराय।। (342)

एक बँधे हुए खरगोश की (ही) भाँति तृष्णा से जकड़ा हुआ व्यक्ति कालचक्र में रहता है; मन के बन्धन में जकड़े जन चिरकाल तक बारम्बार दुख पाते हैं।

A man, beast with lust, run about like a snared hare; the men held in fetters and bonds [of mind] undergo pain for a long time.

तसिणाय पुरक्खता पजा परिसप्पन्ति ससो'व बाधितो।।
तस्मा तसिणं विनोदये भिक्खु अकाङ्क्षी विरागमत्तनो। (343)

तृष्णा के वशीभूत प्राणी बँधे हुए खरगोश की भाँति चक्कर काटते रहते हैं, इसलिए अनासक्ति की इच्छा रखने वाले भिक्षुक को चाहिए कि वह तृष्णा से अपने को मुक्त करे।

The man beast of lust, run about like snared hare. A [***Bhikshuka***] mendicant should drive out the thirst [of lust], and after becoming passionless, he should proceed on the right path.

यो निब्बनथो वनाधिमुत्तो वनमुत्तो वनमेव धावति।
तं पुग्गलमेव पस्सथ मुत्तो बन्धनमेध धावति।। (344)

निर्वाण प्राप्ति के लिए, तृष्णा को त्याग कर, अग्रसर व्यक्ति यदि पुनः तृष्णा की ओर दौड़ता है, तो उसे बन्धनमुक्त से बन्धनमय होने वाले व्यक्ति के रूप में जानना चाहिए।

One who, having got rid of lust and [also] having reached to [the state of] ***Nirvana,*** runs after the lust [again], look at that man, though [he is] free, but running into bondage.

न तं दल्हं बन्धनमाहु धीरा यदायसं दारुजं बब्बजञ्च।
सारत्तरत्ता मणिकुण्डलेसु पुत्तेसु दारेसु च या अपेक्खा।।(345)

ज्ञानियों-बुद्धिमानों के लिए लौह, काष्ठ अथवा रस्सी के बन्धन नहीं होते हैं; उनके लिए (तो) मणि, कुण्डल, पुत्र व स्त्री-प्रेम ही मजबूत बन्धन होता है।

They, who are wise, they do not call that a strong fetter [that is made] of iron, wood or hemp; for them a strong fetter is the care for precious stones and rings, [or] for sons and wife.

एतं दल्हं बन्धनमाहु धीरा ओहारिनं सिथिलं दुप्पमुञ्चं।
एतम्पि छेत्वान परिब्बजन्ति अनपेक्खिनो कामसुखं पहाय।। (346)

धीर पुरुषों के लिए ये बन्धन शिथिल एवं त्याज्य हैं; इसलिए वे अपेक्षाओं और कायिक सुखों का त्याग करके व सुदृढ़ बन्धनों का विनाश करके प्रव्रजित होते हैं।

For wise, these slack fetters are abandoned; so after having cut [their root] at last, they leave [this] world [freely]; and they [also] give up all pleasures of love behind.

ये रागरत्तानुपतन्ति सोतं सयं कतं मक्कटको'व जालं।
एतम्पि छेत्त्वान वजन्ति धीरा अनपेक्खिनो सब्बदुक्खं पहाय।। (347)

जिस तरह मकड़ी स्वयं ही अपने बनाए (हुए) जाल में फँस जाती है, उसी तरह (से) राग-कामेच्छा में रत व्यक्ति (भी) उसमें फँसे होते हैं; धीरजन इसका विनाश करके और दुखों को छोड़कर, व इच्छारहित होकर आगे प्रस्थान करते हैं।

They, who are slaves to passions [and lusts], run down the stream [of them], as a spider runs down the web that has been made by himself; but the wise, cutting this, and leaving all pains behind, proceeds further.

मुञ्च पुरे मुञ्च पच्छतो मज्झे मुञ्च भवस्स पारगू।
सब्बत्थ विमुत्तमानसो न पुन जातिजरं उपेहिसि।। (348)

आगे, पीछे एवं मध्य की समस्त वस्तुओं का त्याग करके भवसागर से तर जाओ; यदि (तुम्हारा) मन सब ओर से विमुक्त हो जाएगा, तो तुम जन्म-मरण के चक्र से छूट जाओगे।

Giving up what is before, behind and between, you should go to the other shore; if your mind is free [from all sides], you will be free from the cycle of birth and death.

वितक्कपमथितस्स जन्तुनो तिब्बरागस्स सुभानुपस्सिनो।
भिय्यो तण्हा पवड्ढति एसो खो दल्हं करोति बन्धनं।। (349)

सन्देह युक्त, राग-युक्त, तथा शुभ-ही-शुभ की कामना करने वाले अपने लिए और मजबूत बन्धन तैयार करते हैं।

A man, who is full of doubts, full of passions, and if he is yearning only for what is delightful, the thirst of such a man grows more and more, and thus, he makes his fetters strong.

वितक्कूपसमे च यो रतो असुभं भावयति सदा सतो।
एस खो व्यन्तिकाहिनी एसच्छेज्छति मारबन्धनं।। (350)

सन्देह-मुक्त, सजग-सचेत और सांसारिक अशुभ को देखने वाला ही मार के बन्धन को काटकर तृष्णा का विनाश करता है।

But, one who is free from doubts, and if he is thoughtful and watchful, and dwells on what is not delightful [in the world], he removes the bond of lust, or cuts the fetter of passion.

निट्ठङ्गतो असन्तासी वीततण्हो अनङ्गणो।
अच्छिन्दि भवसल्लानि अन्तिमोयं समुस्सयो।। (351)

पाप-पुण्य से ऊपर निकलकर जिसने पूर्णता प्राप्त कर ली है, रोग आदि के त्रास से जो निर्भीक है, जिसमें तृष्णा, विकार व सांसारिक बाधाएँ शेष नहीं रह गई हैं, उसके लिए यह अन्तिम काया है।

One who, by overcoming of sin and good, has reached the consummation, which is fearless, and does not tremble, he has broken all the thorns of life, and this is his last body.

वीततण्हो अनादानो निरुत्तिपदकोविदो।
अक्खरानं सन्निपातं जञ्ञा पुब्बापरानि च।
स वे अन्तिमसारीरो महापञ्ञोति वुच्चति।। (352)

जो तीव्रेच्छा-तृष्णा तथा परिग्रह से रहित है; जो (इनके) अक्षर ज्ञान से परिचित है, इन्हें आगे-पीछे रखना जानता है, वह निश्चित रूप से अन्तिम कायाधारी और साथ ही महाप्रज्ञ कहलाता है।

One, who is free from [amorous] desire, lust and affection, who knows the words and their meaning, the orders*, he, indeed, is called a great sage, and this is his last body.

सब्बाभिभू सब्बविदूहमस्मि सब्बेसु धम्मेसु अनुपलित्तो।
सब्बञ्जहो तण्हक्खये विमुत्तो सयं अभिञ्ञाय कमुद्दिसेय्यं।। (353)

राग (द्वेष) आदि सभी का दमन मैं कर सकता हूँ; मैं उन सभी साधनों से परिचित हूँ, जो दुखों से मुक्ति दिलाने वाले हैं। मैने समस्त धर्मों, पदार्थों, अस्तित्वों आदि का त्याग कर दिया है, तथा मैंने स्वयं ज्ञानार्जन कर लिया है। (अब) मैं किसे अपना गुरु बनाऊँ?

I can destroy all, including love and hatred; I know all the means [that are] necessary to get rid of grieves; I have left all [worldly] matters, and now I am free. Having learnt myself, whom should I indicate as my ***Guru*****?

सब्बदानं धम्मदानं जिनाति सब्बं रसं धम्मरसो जिनाति।
सब्बं रतिं धम्मरतो जिनाति तण्हक्खयो सब्बदुक्खं जिनाति।। (354)

समस्त दानों में धर्मदान, समस्त रसों में धर्मरस व समस्त रतियों में धर्मरति श्रेष्ठ, और तृष्णा-दमन समस्त दुखों के दमन से बढ़कर है।

The best of the gifts is the gift of [***Dharma***] the true Law; the best of the tests is the test of [***Dharma***] the true

* Which of them is before, and which is after.

** A teacher.

Law; the best of the enjoyments is to enjoy [***Dharma***] the true Law; but overcoming of the lust is the way to get rid of [all] grieves.

हनन्ति भोगा दुम्मेधं नो चे पारगवेसिनो।
भोगतण्हाय दुम्मेधो हन्तिअञ्ञे'व अत्तनं।। (355)

भोग कष्टमय-दुखमय संसार-सागर को पार करने का प्रयत्न करने वाले, लेकिन बुद्धिहीन व्यक्ति को नष्ट कर देते हैं; भोगी, तृष्णामय व बुद्धिहीन औरों की भाँति ही अपना विनाश भी कर लेता है।

Worldly pleasures destroy the foolish, even he may try to get rid of grieves and sorrows; he [foolish], by his thirst for riches destroys himself, as if he was [doing so to] others.

तिणदोसानि खेत्तानि रागदोसा अयं पजा।
तस्मा हि वीतरागेसु दिन्नं होति महप्फलं।। (356)

खेतों (की फसल) का दोष खरपतवार (जंगली घास) है, जबकि मानव-दोष राग है; इसलिए राग से रहित पुरुष को दान देना महाफल-दायक होता है।

The fields are damaged by weeds, while mankind is damaged by passion; therefore, giving charity to a passionless brings good reward.

तिणदोसानि खेत्तानि दोसदोसा अयं पजा।
तस्मा हि वीतदोसेसु दिन्नं होति महप्फलं।। (357)

खेतों (की फसल) का दोष खरपतवार (जंगली घास) है, जबकि मानव-दोष घृणा है। इसीलिए दोष-रहित (किसी) पुरुष को दान देना महाफलदायी होता है।

The fields are damaged by weeds, while the mankind is damaged by hatred; therefore, giving charity to one who is without hate brings good reward.

तिणदोसानि खेत्तानि मोहदोसा अयं पजा।
तस्मा हि वीतमोहेसु दिन्नं होति महप्फलं।। (358)

खेतों (की फसल) का दोष खरपतवार (जंगली घास) है, जबकि मानव-दोष मोह है, इसलिए मोह-रहित (किसी) पुरुष को दान देना महाफलदायी होता है।

The vice of fields is the weed, while the vice of man is the vanity. Therefore, giving charity to a man without vanity brings good reward.

तिणदोसानि खेत्तानि इच्छादोसा अयं पजा।
तस्मा हि विगतिच्छेसु दिन्नं होति महप्फलं।। (359)

खेतों की फसल का दोष खरपतवार (जंगली घास) है, जबकि मानव-दोष इच्छाएँ हैं; इसलिए इच्छा-रहित (किसी) पुरुष को दान देना महाफलदायी होता है।

The vice of the fields is the weed, while the vice of a man is the lust. Therefore, giving charity to a man, who is free from lust, brings a good reward.

****

अध्याय / Chapter 25

भिक्खुवग्गो/The Bhikshuka

चक्खुना संवरो साधु साधु सोतेन संवरो।
घाणेन संवरो साधु साधु जिह्वाय संवरो।। (360)

चक्षुओं का संयम अच्छा है, और अच्छा है कर्ण तथा नासिका का संयम; साथ ही जिह्वा का संयम भी अच्छा है।

Restraint in the eye, in the ear, and in the nose, is good; side by side restrained in tongue is [also] good.

कायेन संवरो साधु साधु वाचाय संवरो।
मनसा संवरो साधु साधु सब्बत्थ संवरो।
सब्बत्थ संवुतो भिक्खु सब्बदुक्खा पमुच्चति।। (361)

शरीर का संयम अच्छा है, और अच्छा है वाणी तथा मन का संयम, तथा (इन) सभी का संयम बहुत (ही) अच्छा है। जो भिक्षुक इन सभी संयमों को करता है, वह दुखों से पार हो जाता है।

Good is the retrained in the body and good is the restrained in speech and thought; and [much] good is the restraint in all [these] things. A ***Bhikshuka***, who is restrained in all threes [things], he becomes free from all grieves.

हत्थसञ्ञतो पादसञ्ञतो वाचाय सञ्ञतो सञ्ञतुत्तमो।
अज्झत्तरता समाहितो एको सन्तुसितो तमाहु भिक्खुं।। (362)

वह, जो अपने हाथों-पैरों और वाणी पर नियंत्रण करता है, उत्तम (श्रेणी का) संयमी है; जो अपने भीतर सुधार करता है, समाधिस्थ व अकेला है, जो सन्तुष्ट है, उस एकान्तवासी तथा सन्तोषी को (ही) भिक्षुक कहा जाता है।

One who controls his hand, feet and speech, he is well controlled; and one, who brings reform in him, delights inwardly, feels satisfied, and is controlled, solitary and content, he is called a ***Bhikshuka***.

यो मुखसञ्ञतो भिक्खु मन्तभाणी अनुद्धतो।
अत्थं धम्मञ्च दीपेति मधुरं तस्स भासितं।। (363)

जो भिक्षुक अपनी वाणी को नियंत्रित करता है, जो सोच विचार करके और शान्तभाव से बोलता है, वही (वास्तव में) धर्म व (उसके) अर्थ को प्रकट करने वाला मधुर भाषी होता है।

One, who controls his speech, speaks wisely and calmly, teaches the [***Dharma***] true Law and its meaning, and whose word is sweet, he, indeed, is a ***Bhikshuka***.

धम्मारामो धम्मरतो धम्मं अनुविचिन्तयं।
धम्मं अनुस्सरं भिक्खु सद्धम्मा न परिहायति।। (364)

धर्मरत-धर्म में विचरणकर्ता, धर्म की चिन्ताकर्ता और धर्म का अनुसरणकर्ता (कोई) भिक्षुक धर्म (मार्ग) से अलग नहीं होगा।

One, who dwells in the [***Dharma***] Law, delights in it, recollects it, that is a ***Bhikshuka;*** and he can never fall away from the [***Dharma***] true Law.

सलाभं नातिमञ्ञेय्य नाञ्ञेसं पिहयं चरे।
अञ्ञेसं पिहयं भिक्खु समाधिं नाधिगच्छति।। (365)

स्वयं के लाभ[1] की अवहेलना नहीं करते हुए (भी), दूसरों की लाभेच्छा से ईर्ष्या न करें; जो भिक्षुक दूसरों के लाभ से ईर्ष्या करता है, वह समाधिस्थ नहीं हो सकता।

Let a ***Bhikshuka*** not despise what has received, [and] not ever envy others; a [***Bhikshuka***] mendicant, who envies others, he cannot obtain peace [of mind].

अप्पलाभोपि चे भिक्खु सलाभं नातिमञ्ञति।
तं वे देवा पसंसन्ति सुद्धाजीविं अतन्दितं।। (366)

कम लाभ प्राप्ति की अवहेलना न करते हुए (भी), जो शुद्ध जीवन-यापनकर्ता और आलस्यरहित भिक्षुक है, उसकी देवतागण भी प्रशंसा करते हैं।

A ***Bhikshuka,*** who, even after getting little, does not despise that he has received, and if he possesses a spotless life, he is praised [even] by gods.

सब्बसो नामरूपस्मिं यस्स नत्थि ममायितं।
असता च न सोचति स वे भिक्खूति वुच्चति।। (367)

जो संसार से तनिक भी मोह-ममता नहीं रखता है, और जो किसी पदार्थ-वस्तु के अभाव पर शोक नहीं करता है, वही (वास्तव में) भिक्षुक कहलाता है।

---

1. स्वः कल्याण।

One, who is free from attachment and affection, and who does not grieve over what is no more, he, indeed, is a real **Bhikshuka.**

मेत्ताविहारी यो भिक्खु पसन्नो बुद्धसासने।
अधिगच्छे पदं सन्तं सङ्खारूपसमं सुखं।। (368)

जो भिक्षुक मैत्रीभाव के साथ विहार करता है, बुद्धोपदेश में श्रद्धा रखता है, व सारे संस्कारों को त्याग देता है, वही शान्त तथा सुखमय निर्वाण पद को पाता है।

A ***Bhikshuka***, who dwells friendly and with kindness, and has faith in the message of the ***Buddha*** by leaving all inclinations, he, indeed, is quiet, and thus, he attains ***Nirvana.***

सिञ्च भिक्खु! इमं नावं सित्ता ते लहुमेस्सति।
छेत्त्वा रागञ्च दोसञ्च ततो निब्बाणमेहिसि।। (369)

हे भिक्षुक! इस नाव[1] को खाली करो, यह (तुम्हारे सार्मथ्य योग्य) हल्की हो जाएगी; राग-द्वेष की समाप्ति होगी, तथा तुम परमपद-निर्वाण को पाओगे।

Oh ***Bhikshuka!*** Empty this boat*, so that it becomes light [less in weight]; leaving all passions and hatred, you will go to [the path of] ***Nirvana*** through it.

1. जीवन-रूपी भारी-भरकम नाव।

* Heavy boat of life.

पञ्च छिन्दे पञ्च जहे पञ्च चुत्तरि भावये।
पञ्च सङ्गातिगो भिक्खु ओघतिण्णो ति'वुच्चति।। (370)

पाँच बंधनों व पाँच उर्वभागीय संयोजनों का त्याग करें; इनसे ऊपर उठें; दमनार्थ पाँच भावनाओं-साधनों का विकास करें और पाँच के संसर्ग का अतिक्रमण करें। ऐसा करने वाला भिक्षुक ही काम, भव, दृष्टि व अविद्या रूपी बाढ़ से पार हुआ ओघतिन्ना (खिवैया) माना जाता है।

Leave aside the five fetters and rise above the five; a ***Bhikshuka***, who escape from these five, he is called the ***a sailor,*** saved from the flood of evil.

झाय भिक्खु! मा च पामदो मा ते कामगुणे भमस्सु चित्तं।
मा लोहगुलं गिली पमत्तो मा कन्दि दुक्खमिदन्ति डय्हमानो।।
(371)

हे भिक्षुओं! ध्यान लगाओ, असावधान न रहो, चित्त को भोगों से दूर करो, प्रमादी बनकर लोहे के गोले न निगलो; और बाद में कहीं तुम्हें 'हाय! यह दुख' कहकर, शोक न करना पड़े, तुम्हें रोना न पड़े।

Oh ***Bhikshukas***! Meditate, and do not become headless, and do not indulge in pleasure [of mind]; do not become headless to swallow the iron ball, and that you may not cry out when burning in hell [by saying] 'Alas! This is pain.

नत्थि झानं अपञ्ञस्स पञ्ञा नत्थि अझायतो।
यम्हि झानञ्च पञ्ञा च स वे निब्बाणसन्तिके।। (372)

---

1. नाव को पार ले जाने वाला, गुणी।

प्रज्ञा-ज्ञानविहीन एकान्त में चिन्तन नहीं कर सकता, और चिन्तन न कर पाने वाले को प्रज्ञा-ज्ञान की प्राप्ति नहीं हो सकती। लेकिन जिसमें प्रज्ञा-ज्ञान एवं चिन्तन, दोनों, हैं, वही निर्वाण के निकट है।

One, who has no ***[Prajana]*** knowledge, he cannot meditate; and without meditation there is no ***[Prajana]*** knowledge. But, who has ***[Prajana]*** knowledge and meditation, both, he is near to ***Nirvana.***

सुञ्ञागारं पविट्ठस्स सन्तचित्तस्स भिक्खूनो।
अमानुसी रति होति सम्माधम्मं विपस्सतो।। (373)

जो एकान्त (में) चिन्तन करता है, जिसका चित्त शान्त है, और जो सम्यक् धर्म का आचरण करता है, ऐसे भिक्षुक को परलोक में आनन्द की प्राप्ति होती है।

One, who meditates alone, and whose mind is quiet, which follows the [***Dharma***] true Law, such a ***Bhikshuka*** delights [even] in the next world.

यतो यतो सम्मसति खन्धानं उदयब्बयं।
लभति पीतिपामोज्जं अमतं तं विजानतं।। (374)

जैसे-जैसे (कोई) व्यक्ति पंच स्कंधों[1] के जन्म और उनके विनाश के सम्बन्ध में विचार करता है, वैसे-वैसे वह ज्ञानियों से प्रेम करता है, और प्रमोदमय अमृत (को) प्राप्त करता है।

As soon as a man thinks of the origin and destruction of the [five] elements of body, he loves the

1. रूप, वेदना, सञ्ज्ञा, संस्कार और विज्ञान।

company of the wise, and, therefore, he proceeds towards the ***Nirvana***.

तत्रायमादि भवति इध पञ्ञस्स भिक्खूनो।
इन्द्रियगुत्ति सन्तुट्ठी पातिमोक्खे च संवरो।
मित्ते भजस्सु कल्याणे सुद्धाजीवे अतन्दिते।। (375)

धर्म में प्रज्ञावान को सर्वप्रथम इन्द्रियों को नियंत्रित करना, साथ ही सन्तोष एवं त्याग[1] के साथ मोक्ष के प्रति प्रवृत्त रहना होगा, तथा इस हेतु उसे शुद्धाजीविका वाले, उद्यमी और सद्-आचरण वाले मित्रों की संगति करनी चाहिए।

If he [a ***Bhikshuka***] desires for the [***Nirvana***] highest, he must control his senses, and he should gain knowledge of the true Law. Along with this, he should have contentment and must develop a tendency of sacrifice*; also he should have noble friends, whose life is pure, active and watchful, and who are not slothful.

पटिसन्थारवुत्तस्स आचारकुसलो सिया।
ततो पामोज्जबहुलो दुक्खस्सन्तं करिस्सति।। (376)

परोपकारी, सेवारत, कर्तव्यपरायण और सदाचार में रत (ही) सहर्ष दुखों का अन्त करेगा।

---

1. अधिकतम।

* At the maximum.

One who is charitable, perfect in [his] duty, and fully involved in good conducts, he, delightfully, will make an end of sufferings.

वस्सिका विय पुप्फानि मद्दवानि पमुञ्चति।
एवं रागञ्च दोसञ्च विप्पमुञ्चेथ भिक्खवो।। (377)

जैसे वास्सिका (एक प्रकार का पौधा)[1] कुम्हलाए हुए (अपने) पुष्पों का त्याग कर देता है, उसी प्रकार भिक्षुक को चाहिए कि वह (भी) अपने राग-द्वेष को छोड़ दे।

As the [plant of] ***Vassika**** shed its [own] withered flowers, in the same manner, a ***Bhikshuka*** [must] shed his passions and hatred.

सन्तकायो सन्तवाचो सन्तवा सुसमाहितो।
वन्तलोकामिसो भिक्खु उपसन्तों'ति विच्चुति।। (378)

जिसकी काया, वाणी और चित्त शान्त हैं, तथा जिसने समाधिस्थ होकर सांसारिक भोगों का त्याग कर दिया है, वह (भिक्षुक) उपशान्त कहा जाता है।

Whose body, tongue and mind are in peace, which, by observing meditation, has rejected worldly enjoyments, he [***Bhikshuka***] is called quiet.

---

1. जुही (जूही) अथवा चमेली।

* Jasmine plant.

अत्तना चोदयत्तानं पटिवासे अत्तमत्तना।
सो अत्तगुत्तो सतिमा सुखं भिक्खु विहाहिसि।। (379)

जो स्वयं (ही) जागृत होगा तथा अपने को प्रेरित करेगा, वह आत्म-संयमकर्ता स्वयं की रक्षा करेगा; वह आत्मगुप्त और स्मृतिमान भिक्षुक आनन्दपूर्वक विहार करेगा।

One, who rises himself, and instigates himself [for it], he is self-controlled and self-protected; such a self-made and watchful ***Bhikshuka*** dwells happily.

अत्ता हि अत्तनो नाथो अत्ता हि अत्तनो गति।
तस्मा सञ्जमयत्तानं अस्सं भद्रं'व वाणिजो।। (380)

व्यक्ति स्वयं ही अपना स्वामी है तथा वह स्वयं ही अपनी गति है; अतः जिस प्रकार (कोई) व्यापारी अपने अश्व को संयमी व भद्र बनाता है, उसी प्रकार तुम (भिक्षुक) भी अपने को संयमी बनाओ।

A man himself is his lord, and he himself is his refuge; therefore, control you as the merchant controls his horse.

पामोज्जबहुलो भिक्खु पसन्नो बुद्धसासने।
अधिगच्छे पदं सन्तं सङ्खारूपसमं सुखं।। (381)

बुद्ध के उपदेश में जो भिक्षुक प्रसन्न है, और उसमें श्रद्धा रखता है, वह समस्त संस्कारों से पृथक होकर सुखमय व शान्त पद-निर्वाण को प्राप्त करेगा।

A ***Bhikshuka,*** who is full of delight in the doctrine of the ***Buddha***, has faith in it; he reaches the quite place [of ***Nirvana***] after getting rid of all inclinations.

यो हवे दहरो भिक्खु युञ्जते बुद्धसासने।
सो इमं लोकं पभासेति अब्भा मुत्तो'व चन्दिमा।। (382)

युवावस्था मे (ही) बुद्ध के धर्म में (पूर्णतः) संलग्न होने वाला भिक्षुक, स्वच्छ (बादलों से रहित) आकाश में चन्द्रमा की भाँति इस लोक में प्रकाशमान होता है।

A ***Bhikshuka,*** who [even] as a young, associates him [fully] with the ***Dharma*** of the ***Buddha,*** he brightens up this world, like the moon brightens in the clear sky*.

****

* Free from clouds.

अध्याय / Chapter
26

ब्राह्मणवग्गो/The Arhat

छिन्द सोतं परक्कम कामे पनुद ब्राह्मण।
सङ्खारानं खयं ञत्वा अकतञ्ञूसि ब्राह्मण।। (383)

हे ब्राह्मण! तृष्णा को समूल नष्ट करके, पराक्रम से कामना-रहित रहो; कृत्रिम वस्तुओं के विनाश को जानकर तुम अकृत निर्वाण को प्राप्त कर सकोगे।

O ***Brahmina***! Stop the stream valiantly and destroy [worldly] desires; by understanding the destruction of all that was made, you will attain the ***Nirvana***.

यदा द्वयेसु धम्मेसु पारगू होति ब्राह्मणो।
अथस्स सब्बे संयोगा अत्थं गच्छन्ति जानतो।। (384)

जब (कोई) ब्राह्मण चिन्तन और नियंत्रण, दोनों ही, धर्मों में निपुण हो जाता है, उस ज्ञानी के समस्त बन्धनों का अन्त हो जाता है।

A [***Brahmina***] mendicant, which becomes perfect in both, the [***Dharmas***] Laws, in restraint and in contemplation, all his bonds vanish from him, and he, thus, becomes [an] intelligent.

यस्स पारं अपारं वा पारापारं न विज्जति।
पीतद्दरं विसञ्ञुत्तं तमहं ब्रूमि ब्राह्मणं।। (385)

जिस में पार, अपार तथा पारापार नहीं है, उस निर्भीक और आसक्ति से रहित व्यक्ति को मैं ब्राह्मण कहता हूँ।

For whom, this is neither, the hither, nor the further shore [nor both], he is fearless and passionless, and I call him a ***[Brahmina***] wise.

झायिं विरजमासीनं कतकिच्चं अनासवं।
उत्तमत्थं अनुप्पत्तं तमहं ब्रूमि ब्राह्मणं।। (386)

जो चिन्तनशील, निर्मल, आसीन, स्थिर, है, व कृताकृत तथा आश्रवों से रहित है, जो सत्य को पा सका है, उसे मैं ब्राह्मण कहता हूँ।

One who is a thoughtful, pure and blameless, settled, dutiful and free from passions, who have reached the truth, him, I call a [***Brahmina***] wise.

दिवा तपति आदिच्चो रतिं आभाति चन्दिमा।
सन्नद्धो खत्तियो तपति झायी तपति ब्राह्मणो।
अथ सब्बमहोरतिं बुद्धो तपत तेजसा।। (387)

सूर्य दिन में तपता है, चन्द्रमा रात्रि में आभा फैलाता है, क्षत्रिय कवच आदि धारण करके तपता है, और ब्राह्मण चिन्तनशील होने पर तपता है, लेकिन बुद्ध (तो स्वयं) अपने तेज से दिन-रात (सबसे) अधिक तपते हैं।

The sun is bright by day and the moon shines by night. A [***Kshattriya***] warrior is bright in his armuor and a [***Brahmina***] wise is bright by his thoughtfulness. But the ***Buddha*** is bright splendour day and night.

वाहितपापो'ति ब्राह्मणो समचारिया समणो'ति वुच्चति।
पब्बाजयमत्तनो मलं तस्मा पब्बजितो'ति वुच्चति।। (388)

पापों को धोकर बहा देने वाला ही ब्राह्मण है; वह श्रमण है, क्योंकि वह समतामय आचरण करता है, वह चित्त को शुद्ध करके, मलों से उसे रहित करके, प्रव्रज्जित कहलाता है।

One, who is free from evil, he is ***Brahmina;*** who walks quietly, he is a ***Shramana,*** and who has given up all [his] impurities, he is a [***Pravrajita***] pilgrim.

न ब्राह्मणस्स पहरेय्य नास्स मुञ्चेथ ब्राह्मणो।
धि ब्राह्मणस्स हन्तारं ततो धि यस्स मुञ्चति।। (389)

जो निष्पाप है, ब्राह्मण है, उस पर प्रहार नहीं करना चाहिए; तथा (उस) निष्पाप ब्राहण को भी प्रहारकर्ता पर क्रोध नहीं करना चाहिए, जो निष्पाप ब्राह्मण को मारता है; उसे धिक्कार है, लेकिन उससे भी अधिक धिक्कार उसे है, जो प्रहारकर्ता पर क्रोधित होता है।

One, who is free from sin, he is a ***Brahmina***, and no one should attack a ***Brahmina.*** But no ***Brahmina***, if attacked should let himself fly at his aggressor. Woe to him, who kills a sinless ***Brahmina***; but more woe to him who flies at his aggressor.

न ब्राह्मणस्सेतद किञ्चि सेय्यो यदा निसेधो मनसो पियेहि।
यतो यतो हिंसमनो निवत्तति ततो ततो सम्मति
एवं दुक्खं।। (390)

मन से प्रिय पदार्थों को उतार देना ब्राह्मण के लिए अति कल्याणकारी है, हिंसा से जहाँ-जहाँ मन विरत होता है, वहाँ-वहाँ दुख अवश्य ही शान्त हो जाता है।

If a ***Brahmina*** holds his mind back from the pleasures of life, it is most welfaristic for him; where the mind is free from violence, the pain will cease there.

यस्स कायेन वाचाय मनसा नत्थि दुक्कतं।
संवुतं तीहि ठानेहि तमहं ब्रूमि ब्राह्मणं।। (391)

मन, वचन और काया से जो दुष्कर्म नहीं करता है, जो इन तीनों से मुक्त है, उसे मैं ब्राह्मण कहता हूँ।

One, who does not offend by mind, word and body, and is free from these three, him, I call a ***Brahmina.***

यम्हा धम्मं विजानेय्य सम्मासम्बुद्धदेसितं।
सक्कच्चं तं नमस्सेय्य अग्गिहुत्तं व ब्राह्मणो।। (392)

सम्यक् सम्बुद्ध का ज्ञान जिस (भी) आचार्य के माध्यम से (तुम) प्राप्त करो, उसे उसी आदर के साथ नमस्कार करो, जैसे कि ब्राह्मण अग्निहोत्र को करते हैं।

From whom you may gain knowledge as taught by the well-awakened ***Buddha***, worship him assiduously, as the ***Brahmins*** worship the sacrificial fire.

न जटाहि न गोत्तेहि न जच्चा होति ब्राह्मणो।
यम्हि सच्चञ्च धम्मो च सो सुची सो च ब्राह्मणो।। (393)

न तो जटा से, न हीं गोत्र से तथा न ही (अपने) जन्म से कोई ब्राह्मण होता है; लेकिन जिसमें सत्य और धर्म का समावेश है, वही पवित्र है, और वही ब्राह्मण (भी) है।

No one can be a ***Brahmina*** by his platted hair or by his [***Gotra***] cast, or by birth; but who possesses truth and righteousness, he is pure, and he, indeed, is a ***Brahmina.***

किं ते जटाहि दुम्मेध! किं ते अजिनसाटिया।
अब्भन्तरं ते गहनं बाहिरं परिमज्जसि।। (394)

अरे दुर्बुद्ध! जटाओं को बढ़ाने और मृगचर्म को लपेटने से तुझे क्या लाभ होगा? तेरा चित्त तो रागादि विकारों से दूषित है, बाह्य स्वच्छता से क्या होगा?

O fool! What is the use of platted hair, and what of the raiment of deer-skin? As you are full of passions, your outside purity is of no use.

पंसुकूलधरं जन्तुं किसं धमनिसन्थतं।
एकं वनस्मिं झायन्तं तमहं ब्रूमि ब्राह्मणं।। (395)

जो फटे-पुराने और नाममात्र के वस्त्र धारण करके, नसों और त्वचा से बने दुबले-पतले शरीर के साथ, अकेला ही वनों में चिन्तन-मनन करे, मैं उसे ब्राह्मण कहता हूँ।

One, who wears a few and old raiment, who is emaciated and covered with veins, and meditates alone in the forest, him, I call a ***Brahmina***

न चाहं ब्राह्मणं ब्रूमि योनिजं मत्ति सम्भवं।
'भो वादि' नाम सो होति स चे होति सकिञ्चनो।
अकिञ्चनं अनादानं तमहं ब्रूमि ब्राह्मणं।। (396)

जो कोई इच्छा नहीं रखता, और जो अपरिग्रही है, उसे मैं ब्राह्मण कहता हूँ; योनि अथवा माता से उत्पन्न होने के कारण ही कोई, संग्रही और भोगवादी, ब्राह्मण नहीं हो सकता।

A man is not ***Brahmina*** because of his origin or of his mother. A ***Brahmina*** must be a passionless and desireless. The poor and free of attachments is, indeed, a ***Brahmina***.

सब्बसञ्ञोजनं छेत्वा यो वे न परितस्सति।
सङ्गातिगं विसञ्ञुत्तं तमहं ब्रूमि ब्राह्मणं।। (397)

जो सारे बन्धनों को काट चुका है, जो तृष्णा से दूर है, रागादि और आसक्ति से विरत है, उसे मैं ब्राह्मण कहता हूँ।

Who cuts all his fetters and never trembles thereafter, and who is free of all bonds, him, I call a ***Brahmina***.

छेत्वा नद्धिं वरत्तञ्च सन्दानं सहनुक्कमं।
उक्खित्तपलिघं बुद्ध तमहं ब्रूमि ब्राह्मणं।। (398)

जो क्रोध[1] और तृष्णा[2] को समाप्त करके तथा अविद्या रूपी जुए को (कन्धे से) उतारकर बुद्ध बन जाता है, मैं उसे (ही) ब्राह्मण कहता हूँ।

1. की नन्दी को।
2. की रस्सी को।

Who has cut the strap and the thong, the rope with all that pertains to it, who has destroyed all obstacles and has gained knowledge, and who becomes awakened – the ***Buddha***, him, I call a ***Brahmina.***

अक्कोसं बधबन्धनञ्च अदुट्ठो यो तितिक्खति।
खन्तिबलं बलानीकं तमहं ब्रूमि ब्राह्मणं।। (399)

जो अपशब्दों को, वध तथा बंधन को दोषविहीन चित्त से सहता है, जिसकी (समस्त) शक्तियों का सेनापति क्षमाबल है, मैं उसे ब्राह्मण कहता हूँ।

One who, though he has not committed [an] offence, [but] endures reproach, stripes, and bonds, who has endurance for his force, and strength for his army, him, I call a ***Brahmina***.

अक्कोधनं वतवन्तं सीलवन्तं अनुस्सुतं।
दन्तं अन्तिम सारीरं तमहं ब्रूमि ब्राह्मणं।। (400)

जो शक्तिमान है, (लेकिन साथ ही) अक्रोधी, शीलमय, अनुत्सुक, स्थिर तथा कायामय (भी) है, उसे मैं ब्राह्मण कहता हूँ।

One who is strong, [but along with this], he is angerless, desireless, dutiful, virtuous and subdued, him, I call a ***Brahmina***.

वारि पोक्खरपत्ते'व आरग्गरिव सासपो।
यो न लिप्पति कामेसु तमहं ब्रूमि ब्राह्मणं।। (401)

कमल के पत्ते पर जल का और आरे की नोक पर सरसों के दाने का जिस प्रकार कोई प्रभाव नहीं होता, उसी प्रकार कामोत्तेजना का जिस व्यक्ति पर कोई प्रभाव नहीं होता, उसे (ही) मैं ब्राह्मण कहता हूँ।

One, who does not cling to sensual pleasure, like water on lotus leaf, and as a mustard seed on the point of a needle, him, I call a ***Brahmina***.

यो दुक्खस्स पजानाति इधेव खयमत्तनो।
पन्नभारं विसञ्ञुत्तं तमहं ब्रूमि ब्राह्मणं।। (402)

जो अपने वर्तमान जन्म में (ही) विनाशकारी दुखों के भार को उतारकर फेंक देता है, एवं आसक्तिरहित हो जाता है, उसे मैं ब्राह्मण कहता हूँ।

One, who knows the end of his sorrows [even in this body], who puts down the burden of grieves, and thus has no attachment, him, I call a ***Brahmina.***

गम्भीरपञ्ञं मेधाविं मग्गामग्गस्स कोविदं।
उत्तमत्थं अनुप्पत्तं तमहं ब्रूमि ब्राह्मणं।। (403)

गम्भीर, प्रज्ञावान, मेधावी मार्ग और सुमार्ग के ज्ञाता को और निर्वाण प्राप्तकर्त्ता को मैं ब्राह्मण कहता हूँ।

One, who is sincere, deep in knowledge, full of wisdom, knows the right and the wrong [way], and who has reached the highest [***Nirvana***], him, I indeed call a [***Brahmina***] wise.

असंसट्ठं गहट्ठेहि अनागारेहि चूभयं।
अनोकसारिं अप्पिच्छं तमहं ब्रूमि ब्राह्मणं।। (404)

जो दोनों, गृहस्थियों तथा गृहस्थविहीनों, से कोई सम्बन्ध नहीं रखता है, उनसे पृथक रहता है, जो इच्छाविहीन है तथा गृहविहीन भी, उसे मैं ब्राह्मण कहता हूँ।

One, who has no contact with, the households and the mendicants, who is a homeless and desireless, him, I call a [***Brahmina***] wise.

निधाय दण्डं भूतेसु तसेसु थावरेसु च।
यो न हन्ति न घातेति तमहं ब्रूमि ब्राह्मणं।। (405)

सभी चराचर जीवों पर प्रहार न करने वाला, तथा जो न तो स्वयं किसी का जीवन लेता है और न ही किसी अन्य को ऐसा करने को प्रेरित करता है, उसे मैं ब्राह्मण कहता हूँ।

One, who does not attack a living being, movable or immovable, or does take life [of any creature], or does not cause slaughter [of anyone], him, I call a [***Brahmina***] wise.

अविरुद्धं विरुद्धेसु अत्तदण्डेसु निब्बुतं।
सादानेसु अनादानं तमहं ब्रूमि ब्राह्मणं।। (406)

जो विरोधियों के बीच भी विरोधरहित रहता है, जो दण्ड-पापों के बीच भी दण्डरहित रहता है, तथा जो संग्रहकर्ताओं के बीच भी बिना संग्रह के रहता है, उसे मैं ब्राह्मण कहता हूँ।

One, who dwells among the opponents, without [any] opposition, among the punished without [any] punishment, and among the greedy without greed, him, I call a [***Brahmina***] wise.

यस्स रागो च दोसो च मानो मक्खो च पातितो।
सासपोरिव आरग्गा तमहं ब्रूमि ब्राह्मणं।। (407)

चित्त के राग, द्वेष, घमण्ड और ईर्ष्या जिसमें से उसी प्रकार निकल जाते हैं, जैसे कि आरे की नोक से सरसों का दाना निकल जाता है, उसे मैं ब्राह्मण कहता हूँ।

From whom attachments [of mind], hatred, pride, and jealousy have dropt like a mustard seed from the point of a needle, him, I call a [***Brahmina***] wise.

अकक्कसं विञ्ञापनिं गिरं सच्चं उदीरये।
याय नाभिसजे किञ्चि तमहं ब्रूमि ब्राह्मण।। (408)

उस अकर्कश, आदरणीय और सत्यनिष्ठ को, जिसने किसी को कोई पीड़ा न दी हो, मैं ब्राह्मण कहता हूँ।

One, who speaks the truth, and if he has not given trouble to anyone, and who is an instructive and respected, him, I call a [***Brahmina***] wise.

यो'ध दीघं वा रस्सं वा अणु थूलं सुभासुभं।
लोके अदिन्नं नादियते तमहं ब्रूमि ब्राह्मणं।। (409)

जो किसी भी छोटी-बड़ी, मोटी-पतली या शुभ-अशुभ वस्तु को बिना दिए नहीं लेता है, उसे मैं ब्राह्मण कहता हूँ।

One, who does not take a thing, small or big, thick or thin, good or bad, that is not given to him, him, I call a [***Brahmina***] wise.

आसा यस्स न विज्जन्ति अस्मिं लोके परम्हि च।
निरासयं विसंयुत्तं तमहं ब्रूमि ब्राह्मणं।। (410)

जिसकी तृष्णा लोक-परलोक, दोनों, के सम्बन्ध में क्षीण हो गई है, जो पूर्णतः आशा-आसक्ति से रहित है, उसे मैं ब्राह्मण कहता हूँ।

Who has left all desires, for this world and the next, and who has no inclination, and is [also] without attachment, him, I call a [***Brahmina***] wise.

यस्सालया न विज्जन्ति अञ्ञाय अकथंकथी।
अमतोगधं अनुप्पत्तं तमहं ब्रूमि ब्राह्मणं।। (411)

जो तृष्णा को त्याग चुका है, जो सत्य-धर्म को जानता है, जिसने अमृतपद-निर्वाण को प्राप्त कर लिया है, उसे मैं ब्राह्मण कहता हूँ।

One, who has no interest [in worldly matter], and if he has known what is the [***Dharma***] true Law, and has obtained the depth of the [***Nirvana***] immortal, him, I call a [***Brahmina***] wise.

यो'ध पुञ्ञञ्च पापञ्च उभो सङ्ग उपच्चगा।
असोंक विरजं सुद्धं तमहं ब्रूमि ब्राह्मणं।। (412)

जो पाप-पुण्य, दोनों, से अनासक्त है, जो शोकहीन है, निर्मल तथा विशुद्ध है, उसे मैं ब्राह्मण कहता हूँ।

One, who has overcome of both, the good and evil [in this world], and has become free from grief and sin, him, I call a [***Brahmina***] wise.

चन्दं'व विमलं सुद्धं विप्पसन्नमनाविलं।
नन्दीभवपरिक्खीणं तमहं ब्रूमि ब्राह्मणं।। (413)

जो शशि की भाँति (ही) विमल है, स्वच्छ एवं शुद्ध है, तथा जिसकी जन्म-जन्मांतरों की तृष्णा मिट चुकी है, उसे मैं ब्राह्मण कहता हूँ।

One, who is bright like the moon, is pure and serene, and whose all longings have destroyed, him, I call a [***Brahmina***] wise.

यो इमं पलिपथं दुग्गं संसारं मोहमच्चगा।
तिण्णो पारगतो झायी अनेजो अकथंकथी।
अनुपादाय निब्बुतो तमहं ब्रूमि ब्राह्मणं।। (414)

मोह से भरपूर मार्ग को, जो इस (मृत्यु) लोक में आवागमन का चक्र चलाए रखता है, जिसने छोड़ दिया है, तथा जो दूसरे किनारे पर पहुँच चुका है, जो ज्ञानी है, और मुक्त है, उसे मैं ब्राह्मण कहता हूँ।

One, who has left miry road of this impossible world, that is very difficult to pass, and its vanity, and if he has reached the other shore, and he is thoughtful and free, him, I call a [***Brahmina***] wise.

यो'ध कामे पहत्त्वान अनागारो परिब्बजे।
कामभवपरिक्खीणं तमहं ब्रूमि ब्राह्मणं।। (415)

जो समस्त लौकिक भोगों का और घर का त्याग करके प्रव्रजित हो गया है, उस भोगविहीन एवं जन्मविहीन को मैं ब्राह्मण कहता हूँ।

One, who having abandoned all worldly desires, travels about without a home, and whose all concupiscence are extinct, him, I call a [***Brahmina***] wise.

यो'ध तण्हं पहत्त्वान अनागारो परिब्बजे।
तण्हाभवपरिक्खीणं तमहं ब्रूमि ब्राह्मणं।। (416)

तृष्णा एवं घर को छोड़कर जो प्रव्रजित हो गया है, उस तृष्णा व घर-विहीन को मैं ब्राह्मण कहता हूँ।

One, who has abandoned his longings, and if he has also left his home, him, I call a [***Brahmina***] wise.

हित्त्वा मानुसकं योगं दिब्बं योगं उपच्चगा।
सब्बयोग विसंयुत्तं तमहं ब्रूमि ब्राह्मणं।। (417)

वह मनुष्य, जो मानवीय भोगों के बन्धनों, दिव्य भोगों के बन्धनों को त्याग चुका है, जो पूर्णतः बन्धन-मुक्त है, उसे मैं ब्राह्मण कहता हूँ।

One, who has given up all worldly desires, has risen above all bondage to the gods, and if he is completely free from bondages, him, I call a [***Brahmina***] wise.

हित्वा रतिञ्च अरतिञ्च सीतिभूतं निरूपधिं।
सब्बलोकाभिभुं वीरं तमहं ब्रूमि ब्राह्मणं।। (418)

जिसने रति तथा घृणा का त्याग कर दिया है, जो शान्त चित्त वाला है, जिसमें क्लेश का वास नहीं है, जो लोक-विजयी है तथा वीर है, उसे मैं ब्राह्मण कहता हूँ।

One, who has left that gives pleasure or that creates hatred, who is quiet and free from [all] germs, and if he is a hero, and has conquered the world, him, I call a [***Brahmina***] wise.

चुतिं यो वेदि सत्तानं उपपत्तिञ्च सब्बसो।
असत्तं सुगतं बुद्ध तमहं ब्रूमि ब्राह्मणं।। (419)

जो प्राणियों की उत्पत्ति-जन्म एवं विनाश-मरण के सम्बन्ध में भली-भाँति ज्ञान रखता है, जो ज्ञानी है, आसक्तिरहित है, तथा जो सुगति प्राप्त है, उसे मैं ब्राह्मण कहता हँ।

One, who possesses knowledge of the birth, rebirth and destruction [death], who is a wise and [***Sugata***] welfaring, and if he has no attachment, him, I call a [***Brahmina***] wise.

यस्य गतिं न जानन्ति देवा गन्धब्बमानुसा।
खीणासवं अरहन्तमं तमहं ब्रूमि ब्राह्मणं।। (420)

रागादि से विहीन जो अर्हत है, देवता, गंधर्व तथा मानव जिसकी गति से अनभिज्ञ हैं, उसे मैं ब्राह्मण कहता हूँ।

Whose path is not know to the gods, ***Gandharvas*** and men, and who is free from passions, him, I call a [***Brahmina***] wise.

यस्स पुरे च पच्छा च मज्झे च नत्थि किञ्चनं।
अकिञ्चनं अनादानं तमहं ब्रूमि ब्राह्मणं।। (421)

जिसके पहले, बीच में और अन्त में कुछ (शेष) नहीं है, जो अपरिग्रही है, अकिंचन है, उसे मैं ब्राह्मण कहता हूँ।

One, who does not claim anything to be his own, whether it be before, behind, or between, and who is poor and free from worldly attachments, him, I call a [***Brahmina***] wise.

उसभं पवरं वीरं महेसिं विजिताविनं।
अनेजं नहातकं बुद्धं तमहं ब्रूमि ब्राह्मणं।। (422)

श्रेष्ठ (मानव) प्रवर, वीर, महर्षि, विजयी, स्थिर और प्रवीण, तथा बुद्ध को मैं ब्राह्मण कहता हूँ।

One, who is good human being, a noble, a hero, a great sage, and if he is conquer, an indifferent, an accomplished and an awakened [***Buddha***], him, I call a [***Brahmina***] wise.

पुब्बेनिवासं यो वेदि सग्गापायञ्च पस्सति।
अथो जातिक्खयं पत्तो अभिञ्ञावोसितो मुनि।
सब्बवोसितवोसानं तमहं ब्रूमि ब्राह्मणं।। (423)

जो अपने पूर्व के जन्मों को जानता है, जो स्वर्ग और नरक को देख सकने वाला है, जो जन्म-मरण के चक्र से छूट चुका है, और जो ज्ञान में पूर्ण है, परायण है, उसे मैं ब्राह्मण कहता हूँ।

One, who is aware of his former births, can see [the state of] heaven and hell, if he is full of knowledge, and thus, has become free from the cycle of birth and death, him, I call a [***Brahmina***] wise.

****

राजकाज सुखधाम नहीं सुख,
सुख तो मन के भीतर है।
देव वही जो विरति धार ले,
वरना एक छुद्र नर है।।

धम्म-पदों से गौतम तुमने
मानव पर उपकार किया।
राष्ट्र-धर्म, व्यवहार अर्थ दे,
जीवन को साकार किया।।

शत-शत नमन तुम्हें हे गौतम!
माँ के तुमने जय को अर्थ दिया।
अमर गिरा देकर इस जग को
जग-जीवन को धन्य किया।।

करुणा का निर्मल सागर बन
तुम कहलाए महाप्रकाश
मानव के दुखमय जीवन को
दिया विरति से नव आकाश।।

—मनोज कुमार 'मनोज'